尚册文化 | 策划出品

打开世界之页

邓仕勇 著

# 只为规矩成方圆

华龄出版社
HUALING PRESS

心苦愤忙無临然

只為现经成方圆

江墨

全国优秀律师
全国优秀仲裁员
广东宝晟律师事务所创始人
江晓华

江晓华律师参加第七次全国律师代表大会

江晓华律师创办惠州市第一家民办律师事务所

江晓华律师与广东省律师协会党委书记、副厅长梁震合影

1997 年 11 月 13 日，时任司法部副部长张耕到广东宝晟律师事务所指导工作时与江晓华律师合影

江晓华律师与广东省司法厅原副厅长张蓝合影

江晓华律师与中国人民政法大学原校长、终身教授江平合影

2003年9月，江晓华律师到香港学习交流时与香港特区政府首任律政司司长梁爱诗合影

江晓华律师义务担任村居法律顾问

江晓华律师与法制日报社联合设立"法律服务咨询站"

江晓华律师参加义务法律咨询活动时接受电视台采访

江晓华律师参加惠州市人民广播电台"行风热线"节目时接受市民法律咨询

江晓华律师送法到军营

江晓华律师热心教育

江晓华律师带头为灾区人民捐款

江晓华律师带队慰问失独家庭

江晓华律师慰问藏民

江晓华律师带队开展党建活动

江晓华律师和他的团队

江晓华律师与女儿江珊珊律师共同参加最高人民法院庭审

回不去的从前 忘不了的当年

2019年8月 拍摄于石坝中学

江晓华律师一家

# contents 目录

第一章

艰苦童年。矮檐茅棚里的一声啼哭，响彻河源新丰江移民区一方山水。三岁看小，他拔得人生第一支『幸运签』。

1959 年 7 月 11 日，农历己亥年六月初六下午，在河源埔前公社榕屋村一户农家的简易茅棚里，传出一个婴儿"呜啊，呜啊……"的啼哭声。这响亮的哭声打破了一个生命诞生之前的压抑，随即又传来一声欢呼："啊，是一个儿子！"江家添了第二个男孩，一家人十分高兴。老太太李枯双手合十："母子平安，谢天谢地！"赶紧点了几支香，跑到屋外去跪拜还神。孩子的父亲江良在门外长长地舒了一口气，急忙钻进茅棚，从接生婆手中接过四肢不停动弹、粉嫩粉嫩的婴儿，满心欢喜。当他抱着自己新生的儿子，看到不远处的一面墙壁上写着一条"伟大的中华人民共和国万岁"的标语，脱口而出："将他取名江华吧！"身为一个小学校长的江良，希望孩子作为一个"中华之子"，将来要为家庭争光，为国家作贡献。躺在茅棚里面的妻子黎秀云心领神会，点头表示赞许，旋即，她又望了望自己所住的这个简陋的茅棚，忍不住长叹了口气。

烧香回来的李枯听到儿媳妇的叹息，刚刚还满脸喜悦的她，脸上慢慢地涌上了一股愁绪，不知自己这一大家子人未来的生活将如何进行下去。她此时是多么怀念自己的故居啊！

李枯的故居在河源东源县的一个小山村，村名叫立溪村。发源于广东省新丰县云髻山的新丰江河蜿蜒流经村前，波光粼粼，清澈透底。村后有座山，叫"七姑山"。山不在高，有仙则灵。"七姑山"的山峰并不高，却因山上有一个神奇的"小天池"而驰名。李枯刚嫁到立溪村的时候，就听人说，这"七姑山"的山顶上有一个水池，"久雨不溢，久旱不涸"，常年都保持着一定的水位，十分独特。依山傍水，优美的自然环境养育了一代又一代淳朴的立溪村人。

李枯的丈夫叫江炳，是个老实的农民。夫妻俩婚后通过自己的勤劳耕作，过上了简朴而又幸福的生活，依次增添了江良、江桂全、江观新、江亚顿四个健康活泼的儿女。

时光机转到了 1958 年，一个特大的消息打破了小山村的宁静。根据国家的第一个五年计划，要拦截新丰江实施重点工程——新丰江水电站建设。

为了新丰江水电站的建设，新丰江要拦腰截断修筑一条大坝，沿岸居住的 8 个公社 11 个圩镇 389 个村庄的村民全都要搬迁出去。

李枯得知自己一家被确认为移民的那天起，她的心就像断了线的风筝，从此没能安宁过，这比她当初离开父母嫁入这个小山村时还心神惶惶，心里整天七上八下的。她真不想离开这片自己生活了几十年的土地。她的丈夫早些年已经因病去世了，便找来有文化又有见解的儿子江良来商量，看看有没有办法让国家不要修建这个大坝，不要让她的一家人搬迁。

"为什么要我们搬家？建这个新丰江大坝有什么用呀？"李枯向儿子问道。

江良此时已是河源回龙公社回龙中心小学的校长，是村中最有学识的人。他做事一向踏实稳重，平时的行为举止，都让人觉得可靠，值得倚重，在村里有着很高的威望。邻里之间发生纠纷，人们都来找江良调解。他说话从来"丁是丁，卯是卯"，每一句都有一种打动人心的力量，处事公正，乡邻都心悦诚服。江良十分理解母亲对故土、对自己的这片家园的那份深情，他在学校经常能从报刊上读到一些有关国家发展的新闻资讯，见多识广，知道新丰江水电站的建设是国家制定的一个利国利民的大工程，作为移民，虽然无奈，但也是无法抗拒的。

"妈妈，建起这个新丰江大坝，就能蓄水，就能发电。有了电，到时候我们就不用煤油来点灯，只要用一根电线接上一个灯泡，夜里就能像白天一样明亮，电还能烧水做饭……"

"电还有这么多的好处？"李枯弄不明白，但她相信儿子说的话，便紧接着问道，"这条大坝要修多大多高呢？"

"估计要修个几十层楼那么高。"

"什么是楼？几十层楼到底是多高？"李枯茫然地问道。

江良听了母亲的话，笑了笑，知道母亲不曾走出过大山，"楼房"对她来说是一个闻所未闻的新概念。

"妈妈，楼就是一层一层叠起来的房子，几十层楼就相当于我们村子背后的'七姑山'那么高。"

"大坝跟'七姑山'那样高？"李枯听了儿子的描述，惊得目瞪口呆。她终于明白，新丰江大坝建起来后，她现在居住的地方，一切都会被像"七姑山"一样高的水淹没掉，她的根，她的家人也会随着慢慢上涨的水而飘向远方，生活和生命都会发生无法预测的变化。想到这里，李枯禁不住失声痛哭起来。

江良心中也十分难受，想着自己一家和附近的村民都要永远地离开这片祖祖辈辈生息繁衍的沃土，这是一种多么悲壮的情感割舍啊！

可他把自己的悲痛深深地隐藏起来，因为他是一个共产党员，在党和国家需要的时候，不要说搬离家园，就是贡献自己的一切，甚至是宝贵的生命，他也是义不容辞的。

经过儿子动之以情，晓之以义的温言相劝，李枯没过多久就想通了，积极响应国家的号召，成了第一批搬迁出去的移民。

当年新丰江水电站建设的移民任务和安置地，全都由国家"计划安排"和"政策决定"。在10.6万移民当中，有约8万人在河源本地安置，其余的，则安置到惠州、韶关等地。江良一家迁移到了河源埔前公社榕屋村。

江华就是新丰江水电站建设移民出生的第一批孩子。

李枯的脑海里不停地闪现着故土的村庄、田野、河流……禁不住泪流满脸。江良见状，走了过来，轻声问道："妈，你又想念老家了？"李枯挽起衣襟擦了擦眼泪，点了点头，旋即笑道："没事，你别担心，我又多了一个孙子了，很开心，我这就出去借只鸡回来，炖了给秀云补补身子。"

可在村子里面，问遍了认识和不认识的村民，却是一只鸡都没借到，只借到一个鸡蛋，那还是以前在同一个村子里一户关系较好的人家借来的。那时，由于新丰江水电站建设的移民任务重，规模大，时间紧，要处理的问题千头万绪，又无可借鉴的经验，迁移出来的村民，由于国家补贴不及时，土地分配不到位，生活非常困苦，餐餐食不果腹，连大米都是珍稀食物。黎秀云在整个月子里就吃了六个鸡蛋，没吃过一顿饱饭，瘦得连奶水都不多，小江华经常饿得哇哇大哭。不久，又遭受持续的严重自然灾害，许多村民家中断粮，不得不上山去找野菜野果填肚子。尽管奶奶李枯经常在一大碗野菜里，仔细找出几颗饭粒，喂到江华小小的嘴里，可他还是长得面黄肌瘦，皮包骨头，两岁多了，体重才十来斤。由于人长得瘦，身子小，他一双明亮的眼睛就显得特别大。因此，江华小时候就有了一个外号，叫"大眼华"。

从 1960 年开始，由于实际蓄水线低于当初设定的标准，很多淹没区并没有被淹，加上安置先天不足等原因，许多贫困不堪、食不果腹的移民陆续倒流回新丰江库区。毕竟那里有山有水，回去尚有一线生机。江华也跟随奶奶李枯，和哥哥江臻一起回到了新丰江库区尚没有被水淹没的石盒村（现属河源市东源县锡场镇）。而其父亲江良却坚持留在迁入地，继续在回龙公社的"回龙中心小学"任教，母亲黎秀云也在那所小学里做杂工。

石盒村是新丰江库区一个"就地后靠"的村庄，山多地少。尽管如此，江华和哥哥江臻弟兄俩在奶奶李枯的带领下，在石盒村一座有四居室的土坯瓦房里安顿了下来，种玉米、种红薯、种南瓜等快生易长的农作物，还到水库边上捞小鱼小虾，渐渐地不用再忍饥挨饿。

因父母亲都不在身边，江华和哥哥江臻成了新中国最早的一批留守儿童。他们兄弟俩像许多家穷业薄的农家子女一样，很小的时候就懂事了，一起挑起家庭的生活重担。兄弟俩在奶奶、叔叔们的教导下，下地去干农活。江华兄弟俩最擅长的就是种南瓜。南瓜是全世界都有人种植的一种蔬果植物，也是人们喜爱的一种食物。每到春天一至三月，或是秋天的七至八月，江华就会跟哥哥江臻在奶奶的指点下，先将南瓜种子在水里泡三四个小时，泡好之后捞出来用清水洗净，芽尖朝下地放一至两颗种子到挖好的泥坑里面，再盖上掺加农家肥的土壤。

在种上种子后的几天里，江华每天都会到地里去看种子的发芽情况，等发现种子破土而出长出瓜苗，他就会非常兴奋，把好消息告诉哥哥，然后兄弟俩小心翼翼地把种壳轻轻摘掉。之后，给南瓜苗浇水、除草就成了江华的主要工作任务。经奶奶的说教，江华还学会给南瓜进行人工授粉。一般的南瓜花开的时间很早，早上六点以前就开花。所以，在南瓜开花的时候，江华总是天刚蒙蒙亮就爬起床来为南瓜授粉，用已经开花的雄花花蕊接触在雌花花柱头上，将花粉轻轻涂抹几下，这样南瓜就很快长出果子。经悉心栽种的南瓜苗，最终不负江华所望，每一棵瓜苗都能结出好几个大南瓜。

在 20 世纪 60 年代初那饥肠辘辘的时期，南瓜可以说全身都是可救命的粮食，南瓜苗、南瓜叶、南瓜花都可食用，南瓜更是因为好储存，摘下来后放很长时间都不会变质而成为江华兄弟俩一道不可或缺的主食。李枯常用南瓜给江华兄弟俩做南瓜粥（那时缺少粮食，已经难得吃上干饭）。李枯还把南瓜去皮切成薄片，放锅里蒸熟蒸软，用锅铲捣碎压成泥状，撒上一点点红糖和少许糯米粉进行搅拌，再揉成团，起火烧锅，待锅热起来，拿油瓶倒一点点花生油上去，用锅铲将油均匀地涂抹整个铁锅，然后把搅拌好的南瓜糊糊用勺子舀起来，揉成一个个小团，轻轻放到铁锅上面，压成一个个小圆饼，直到铺满整个铁锅，慢慢煎成一个个皮酥肉软，黄灿灿、香喷喷，令人垂涎欲滴的南瓜饼。江华此时总是很懂事地蹲在炉灶前帮忙烧火，一边往炉子里添柴加草，一边眼睁睁地看着奶奶煎饼，饥饿的眼睛冒出渴求的火焰。南瓜饼煎好了，李枯会先用一个大碗盛起几个给江华兄弟解解馋，其他的就摆放在一个大筛子上晾一晾，然后用一个竹篮子装起来，江华兄弟肚子饿了，就拿一块放在口里，越嚼越香，百吃不厌。

在石盒村的山上，生长着一种异常坚硬而又细小的杉木，是做伞柄的一种绝佳材料。江华为了挣钱帮补家用，就经常跟哥哥一起上山去砍这种杉木拿到附近的圩集去卖。刚开始卖杉木时，他还放不下脸面去与陌生人打交道，甚至还脸红，后来则可以跟那些收购杉木的大人讨价还价了。当现今四五岁孩童还躺在母亲怀里撒娇时，江华和哥哥已慢慢学会了自力更生。可以说，童年苦难的经历对江华影响颇深，塑造了他独立、坚强的性格。

新丰江水库边上长大的孩子，无论男女老少，大部分都是识水性会游泳的人，江华小小年纪也成为一名游泳高手。每到夏季，新丰江水库就是江华与小伙伴们的娱乐天堂，他们大声地叫喊，打水仗，扎猛子，各种水上玩法层出不穷，狗爬式、青蛙式、仰泳式游泳样样精通。江华家的门前屋后栽种了许多的芭蕉树，当芭蕉成熟后，大人就会把芭蕉树整棵砍倒，割下芭蕉拿回去，芭蕉树则丢弃在那里。这些废弃的芭蕉树对江华和他的小伙伴们来说，那是难得的大玩具。他们拿柴刀将蕉叶砍掉，把芭蕉树干一根一根并列捆扎成排，再拉到水库里，赤条条地"扑通扑通"跳入水中，爬上"蕉排"，玩得不亦乐乎。

然而，没有父母亲在身旁边照看的孩子，往往都是危机四伏，险象环生。江华从小就非常勤劳、懂事，每天都坚持到山上去捡一捆树枝回来给奶奶当柴火。有一次，村里来了个木匠，给村里一户人家做家具。木匠锯木材时，会产生许多废木块，这些木块都是烧火做饭的好燃料，比捡回来的树枝更耐烧更旺火。在木匠锯木头时，江华和一帮小伙伴就会围在木匠身边，每当木匠锯出一块废木块时，就把废木块抢过来。

木匠见孩子们为了抢到木块，不等他把木料锯下来，手就已经伸过来了，完全不顾来回拉动的锋利锯齿，便呵责他们，要他们排好队，一个一个轮着上前来捡废木料。孩子们刚开始还听话，不一会儿，等不及的孩子不愿排队了，又围上来抢废木料。江华原本也在排着队，看到大伙都不排队，于是他就抢到了前面，抓住了一块即将锯断的废木料。木匠正用力准备最后一下锯断木料，当发现江华伸过来的小手时，不禁大惊失色，慌忙收力，可锋利的锯齿在锯掉木料之后，还是顺势锯到了江华的手指。江华的手指顿时血流如注，痛得他哇哇大哭起来。

闻讯而来的李枯见二孙子江华的手指被锯子锯得血肉模糊，心痛得直掉眼泪，慌忙让大孙子江臻在地上撒泡尿，和了一团尿泥堵在江华的伤口上。或许是木匠收手及时，或许是童子尿泥这种农村里古老的"止血药"起作用，江华的手指虽然留下了一道伴随终生的疤痕，但总算没有伤到筋骨。

半个月后，江华的父母亲回来探望他弟兄俩。木匠得知江良回来了，忙登门谢罪，怪自己不小心锯到了孩子的手指。江良了解清楚情况后，并没有责怪木匠，更没有向他索要赔偿，他知道这件事情是因为自己的儿子不守规矩而引起的，纯属咎由自取，怪不得别人。送走了木匠，江良把江华叫到了跟前。江华知道自己犯了错，低着头等待着父亲的严厉批评。可江良并没有批评他，而是让他搬来一张凳子坐下来。

"阿华，你知道木匠的祖师爷是谁吗？"江良和蔼地向江华问道。

江华摇了摇头。

江良笑道："木匠的祖师爷叫鲁班。鲁班是我国古代一位非常著名的木匠，同时，他也是一位发明家，今天，木匠师傅们用的手工工具，如锯、钻、刨子、铲子、曲尺，划线用的墨斗等都是他在生产实践中得到启发，经过反复研究、试验出来的。锯伤你小手的锯子，传说就是鲁班在一次攀山时，手指被一棵小草划破，他摘下小草仔细察看，发现草叶两边全是排列均匀的小齿，于是就模仿草叶制成了锯子。"

"原来锯子是这样来的呀？"江华听了觉得非常新奇。

"是的。"江良继续说道，"鲁班他看到各种小鸟在天空自由自在地飞翔，就用竹木削成飞鹞，借助风力在空中试飞。刚开始飞的时候，时间很短，可经过他的反复研究，不断改进，飞鹞竟能长时间在空中飞行……"

江华越听越感兴趣。江良接着又给他讲起了一个关于鲁班的神话故事：鲁班的本领大，天上的神仙都知道了。玉皇大帝便让观音大士找到鲁班，让他建一座寺庙，所建寺庙要建成底座是圆的，而寺庙外观是方的。这是一座建设难度非常复杂的建筑。观音大士告诉鲁班，一定要把玉皇大帝要求修建的双凤台寺庙尽快建成，如果不能在规定时间内建好那座寺庙，她和他都会受到玉帝大帝的惩罚。鲁班整天冥思苦想，一直想不出办法建好那座底圆上方的寺庙。天上的赤足大仙也为鲁班建寺庙的事着急，他很看重鲁班这个能工巧匠，便有意无意地说："做什么都要讲良心，要对得起天和地，更要对得起自己。"鲁班听赤脚大仙这么一说，心里忽然一亮，量心（良心），其实是暗喻要他测量圆的中心距离而建，即如今的"圆的半径"，有了圆的半径长度，就可以建成符合"规矩方圆"的房子，也可以说对得起天（天庭）和地（地下的两只凤凰），更对得起——自己的良心。"做人要对得起自己的良心"，这是鲁班建双凤台寺庙留给世人的为人之道。做人有了良心，就会有了规矩，成得了方圆。

"我们做任何事情都要有规矩，懂规矩，守规矩。人类活动的动机、目的往往不同，如果没有一个规矩来约束，各行其是，社会就会陷入无秩序的混乱中。只有把自己和他律结合起来，才能形成一种良好的社会风气，社会才会和谐……"

江华似懂非懂，却是听得津津有味，他完全没想到自己今后将会用自己一辈子的时间践行让人"懂规矩、守规矩"这个理念。

日子一天天过去，虽然过得清苦，却也有滋有味。到了上小学的年纪，江华便背着母亲缝制的一个小书包蹦蹦跶跶地上学了。在石盒村有一所特殊的小学，它的特殊之处在于：校舍只有一间简陋泥巴房，校职工只有一个人，他是校长又是教师，承担着全校的语文、数学、音乐课。江华五岁的时候迈进了这座学校的大门（那个泥巴房的房门）。

这座学校开设了一二年级。上一年级课时，二年级便到课室门外自由活动，上二年级课时，一年级到课室门外自由活动。可江华自从进了课堂上课之后，他就深深地爱上了学习，一年级下课了，他留在课室继续听二年级的课。老师刚开始还劝说他到外面去玩耍，后来见他确实喜欢学习，便由着他了。就这样，江华只用了一年的时间就学习完了两个年级的课程。上课的时候，江华最喜欢的就是音乐课，尽管老师教得五音不全，但一点儿也不妨碍江华对音乐的兴趣，他很快就跟老师学会了《东方红》《歌唱祖国》等歌曲，放学回家后，就唱给奶奶听，常常把奶奶乐得见牙不见眼。江华越唱越有劲，慢慢地练出了一副好歌喉，以致他后来成了一名老师之后，在教好主课之余，还主动给学生上音乐课，教孩子们唱歌。这是后话。除了爱好音乐，江华还喜欢写字，当其他小伙伴追逐打闹的时候，江华却经常趴在那破旧的桌子上一笔一画地写字，把一二年级书本上的字抄了又抄，小小年纪就把字写得工工整整，让老师刮目相看。

1967年，国家已经逐步完善了新丰江水电站建设的移民政策和安置办法，暂时回到新丰江水库的移民再次响应国家号召，又迁移了出来。江华一家重新落户到了河源埔前公社坪围村东风三队（现属河源市源城区）。他们一家还分到了八亩多田地。母亲黎秀云后来又陆续生下了老三江晓波，老四江峰，老五江智燊和老六江晓浓（女儿），成了一个大家庭。

排行老二的江华很懂事，很听话，从不招惹是非，很小的时候就默默地帮家里做事，下田地去干农活，真真切切地经历着"锄禾日当午，汗滴禾下土"的农耕日子，刻骨铭心地记下了春种夏收、莳田割禾是一件多么辛劳、多么难熬的累活儿，特别是在六月酷暑的农忙季节里，紧张的农活更是炼狱般艰苦。坪围村的土质偏硬，容易板结，耕地时，有许多大块大块的土疙瘩妨碍播种，聪明的先民就根据碾粮食的石碾，用石头做成长圆柱形的碾磙，让牛拉着把土疙瘩给压碎碾平。这是一个非常粗重的活儿，仅那个碾磙就有三四百斤，要把这个又大又重的家伙拖拉到自己的地头，已是十分不易。可江华主动承担起了这个活计。他把石碾磙架子套在牛脖子上，驱赶着牛在自家的地一趟一趟地碾压着那些大土块。将每一块土地都碾得平平坦坦，邻近的乡民看了，都无不夸赞江华的土地平整得好。

江华在平整土地时，不是蛮干，而是尽可能地巧干。为了提高效率，他在牛拉着碾磙往前走的时候，把碾磙外的土块也搬过来丢进碾磙前面去碾压，这样平整一块土地，往往能节省三分之一的工作时间。可有一天，江华赶着牛碾了一个上午的地，累垮了，当他搬着一块大土块准备丢到碾磙前面时，竟眼前一花，一个踉跄，连人带土倒在了碾磙前面，数百斤重的碾磙在牛牵引下，从江华身上碾了过去。江华惨叫了一声，眼前一黑，便什么都不知道了。等清醒过来时，他已经被抬回了家中。被如此沉重的碾磙碾过去，家里人和村里人都认为他必死无疑了。妈妈、奶奶蹲在床前悲伤地哭泣着，父亲江良也在一旁痛苦地抹着眼泪，哥哥和弟弟妹妹则哭哭啼啼地远远站着，不知所措。在江华醒过来之前，村里的赤脚医生已经来看过，他摸着江华微弱的脉搏不停地摇头叹息，表示江华可能受的内伤极重，怕是凶多吉少。可就在大家都陷入绝望的时刻，江华却自己慢慢恢复了意识，清醒了过来。生命顽强的江华最后吃着医生配制的中药，在床上躺了一个多月，竟然身体痊愈了。许多年后，江华每每想起自己那次之所以能死里逃生，除了感谢幸运之神外，他估计是他手里抱的那块又大又重的土块质地太过坚硬，当碾磙碾过他身体之前，大土块帮他缓冲了好大一部分重力，才使得他死里逃生，还有一点值得庆幸的是碾磙没有碾到他的头部，要不然就算不死，脑子也必定会给碾坏，后果就不堪设想了。

"吃得苦中苦，方为人上人"，艰苦粗重的农活并没有影响到江华的学习，反而让他强烈地意识到，一定要努力读书，争取跳出农门，摆脱艰辛的农耕生活。

江华来到了新学校——"坪围学校"读书。坪围学校创建于1950年，坐落在罗寨山下，黄果沥河边，是坪围村的一所公办小学、初中一贯制学校。江华入读坪围学校后，如鱼得水，淋漓尽致地发挥着他的聪明才智，成绩一直名列前茅。恰好他念五年级时，学校取消小学六年级，江华以优异的成绩升上了初中，与比他提前一年入学的哥哥江臻成了同班同学。

那时读中学，除了要交学费之外，每个学生每个学期还要给学校上交三百斤木柴。江华自幼在山上长大，对砍柴可以说是轻车熟路了，他在完成自己的砍柴任务后，还经常帮助一些弱小的同学上山去砍柴。他的热心举动得到了学校老师和同学们的一致好评。江华在学习中也渐渐成熟了起来，养成了爱学习、爱看书的习惯，作文常常成为班级的范文，是大家公认的一支笔杆子。

1972年初中毕业，江华和哥哥江臻面临一个人生的转折点——上高中。那时念高中还是实行推荐上学制度。按条件，学习成绩异常优秀的江臻、江华兄弟都具有被推荐上高中的资格。那时能被推荐上高中，是一件非常难得的事情，可此时在"坪围学校"当校长的正是江华的父亲江良。江良因教务工作成绩突出，被调回到他的居住地"坪围学校"担任负责人。为了避嫌，拥有推荐学生上高中权利的江良便决定先让推荐一个儿子上高中，另一个来年再说。可手心手背都是肉，先推荐哪个儿子上高中呢？江良思虑良久，想到一个比较公平公正的处理方法，让江臻、江华兄弟俩来一场考试，得分高者就先上高中。于是，由他亲自出题的两份试卷分发到俩儿子手中："爸爸不偏袒你们任何一个，你们谁得的分数多，谁就先上高中。"江臻、江华兄弟俩都非常赞同父亲的做法，于是一场特殊的考试，一场特殊的比拼开始了。半个小时后，兄弟俩都提前做完试卷交卷了。在评卷的时候，江良为了公平起见，没有亲自评卷，而是把江臻、江华试卷上的姓名给封住，交给另外一个资深的老师来阅卷。最终，江华以高出两分的优势赢得了这场考试。江良在对两个儿子的试卷进行复核时，发现试卷的数学题，兄弟俩都全部做对了，可在作文方面，二儿子江华的文采就比哥哥略胜一筹，并且那一笔一画、工工整整的钢笔字更是让人赏心悦目。

江华得知自己的考试分数比哥哥高之后，主动找到父亲，说自己年纪小，理应让哥哥先上高中。

江臻考试输给了弟弟，刚开始心中十分难过。可他一听弟弟要把上高中的机会先让给他时，却把头摇得像拨浪鼓："二弟的好意，哥哥心领了，我学识不如你，心服口服，如果要你把机会让给我，那我会内疚一辈子的。"

　　江良望着两个互相谦让的儿子，心头十分欣慰，但却一脸严肃地对他们兄弟俩说道："我们做人做事要讲规矩、守底线。制定出来的约定，其实就是规矩的一种，大家就得共同去遵守，去维护，不分长幼，不讲感情，按规矩行事。"江臻、江华兄弟听了都连连点点头。江良继续教育道，"人生在世，是有各种各样的追求，这种追求能给人以激励，给人以力量。可是我们应当把这种追求把控好，不能因为单纯地追求而忘记底线，底线一旦失守，就会使自己陷入难以自拔的贪欲罗网里，最终只会走上堕落的邪路……"江华拉着哥哥的手，默默地听着父亲的谆谆教诲。通过这件事，江华更加深刻地记住了做人"讲规矩"的重要性，不论什么时候，不论发生什么事，这都是不容动摇的"规矩"。

第二章

才子少年。飞来『委任』，出手人生第一份『状子』，出任人生第一次『法庭书记员』。

　　江华升入了埔前中学。这是许多学子梦寐以求的一所高中。有人私下说，20 世纪六七十年代的高中生，相当于现在的大学本科生。

　　在学校里，无论是老师还是学校领导，对江华的印象都非常好，十分器重，因为他不仅学习出色，还主动帮老师干一些活儿，十分卖力，并在同学中树立起一定的威望，这是所有老师都喜欢的得力助手。江华的字写得漂亮，于是学校出黑板报的重任就落在了他的肩上。

　　在高中二年级阶段，尽管那时念书是上课半天，劳动半天，可江华还是在学习上投入更多的热情，并注重体育锻炼，时刻让自己保持着一股冲劲。每天天还没亮，江华就起床到学校的操场上开始跑步。跑步的时候，他只穿单衣单裤。学校的操场很大，江华每次都跑二十圈，这二十圈相当于五六公里路。一个长跑下来，身子就热了，人就精神了。而后，江华再悄悄地回到宿舍用毛巾把汗擦干，穿上长衣长裤去写黑板报。

　　当四周还灰蒙蒙一片时，他已经把黑板报写好了。之前学校黑板报的内容是每周甚至半个月才更新一次，自从江华接手之后，就变成了每天更新一次。江华把这块黑板当成自己一个展示能力和才华的阵地，要求自己要像"日报"那样，每天都给读者带来一份新鲜热辣的校园资讯。他每天坚持凌晨四点左右起床跑步，跑完步就出黑板报。这样，夏天还好，可冬天就难熬了，江华常常在天没亮时迎着呼呼的寒风，捏着一小节粉笔，一字一字地写，写满一块黑板报，手已经冻得失去了知觉。黑板报的内容大部分都是当时报纸上的一些重大新闻摘要和学校的一些动态消息，还有一些好人好事。这些都是江华自己整理出来的。

　　刚开始的时候，无论是老师还是学生都对这个黑板报没有太大的兴趣。路过的时候，有人会站在跟前瞄上几眼，也有的根本就不看。不就是粉笔字吗？

可是，渐渐地，看的人就多了，因为黑板报上的内容很新颖，有的是《人民日报》或者《南方日报》的新闻摘要，有的是"校园快讯"。"校园快讯"是学校师生们最喜欢的版块，因为上面的新闻消息都是在老师和学生们身边发生的，并且不时地还会出现一些人的名字，如"某某某老师"成为了先进典型，"某某某同学"学习雷锋做了什么好人好事，"某班某某同学"拾金不昧，等等。这样一来，黑板报成了校园里一个亮点，不管是老师还是学生，越来越多人关注这个黑板报。是啊，当名字出现在黑板上的时候，哪个心里不美呢？这就是一个成绩、一种品德、一份荣耀的公开展览啊！

就这样，无形之中，江华在埔前中学一下子就冒尖了。老师和学生的名字上了"板报"，当然是高兴的。可上黑板报的并不是一个人，那标题、内容和名字是天天更新的，于是受到表扬的人就越来越多。自然，凡是上过"板报"的人，无论是老师还是学生，在心里都记住了江华，那种由喜悦而产生的感激之情也自然而然地集中到了他一个人身上。"黑板报"让江华成为了学校里一个"红人"，他的"美名"甚至通过学生口口相传，传到了校园之外。

天没亮就来到校园操场做运动的，还有一位老教师。这位老教师一直默默地关注着江华这个有着良好运动习惯，做事又出类拔萃的学生。老教师做完运动后，也常常看江华出的黑板报。江华那一笔一画，写得工工整整，像印刷字体一样的书法尤其让他赞赏。这个黑板字的书写能力，就是和这所学校的教师相比，也毫不逊色。

江华起初并没有留意到这个老教师，因为他出黑板报时，都是全神贯注的，生怕写错了一个字，写错字，无论怎么擦，那个地方都会留下一个灰白的粉笔印，从而影响整个黑板报的美观。

一天，老教师站在江华的背后叫道："错了，错了！"凌晨中的校园还一片宁静，老教师的声音就显得特别刺耳。江华闻言心中一惊，忙扭转头，有点惶恐地向老师问道："老师，请问我哪儿错了？"

"是你刚刚写的那行'为社会主义事业添砖加瓦'的'添'字写错了。"

老教师大声点拨道，"'添'的下面是'点'，你把它写成'水'字了。"

江华听了，连忙向老教师道谢，他从"添"字开始，把后面的黑板字一一擦掉重写。

老教师点出了江华的错别字，又到操场上锻炼去了。此事过了三四天，江华刚到黑板报前，准备出当天的板报，却发现那位老教师早早在那块黑板报前站着，看样子是专门来等候他的。

"你又写错字了！"老教师又大声地对江华说道。

"老师好！请老师多多指点！"江华脸上一热，不知自己又哪个字写错了，赶紧虚心请教。

"看看，你自己看看你写的这篇消息，检查一下哪里出错了。"老教师这次没有直接指点出他的错别字，而是让他自己找。

这是一篇赞扬一位同学学习雷锋，长期帮助自己村里孤寡老人挑水担柴的先进事迹。江华听说这篇消息里面又写错了字，让老教师给挑出来了，心里不禁一紧，脸上又发热了：哦，那昨天不知道全校有多少人看到了这个错别字啊。他知道在校园里面，赞赏他的人很多，但也有一些个别同学会嫉妒，他就曾听到有人背后议论过自己，说："真会显摆啊，切，不就会写几个好看一点的字吗？！"江华当时听了心里不怎么在乎，字写得漂亮这只是一个表象，可要把这些字堆砌在一起，形成一篇一篇的文章，那才叫本事！可他不去争辩，只是一心一意做好自己的事情，力求将事情尽量做到完美。不过，对于自己的文章里面出现错别字，他是非常在意的，那些嫉妒他的人可能正在笑话着他呢。

江华举起手，伸出食指，在那篇消息里面逐个字逐个字进行检查，可他看了一遍又一遍，也没找出那个错别字，不由得急成满头大汗。

老教师笑吟吟地看着江华的手指点过来点过去，几次从那错别字上划过，都没发现，明白他不是粗心大意写错的，而是他根本就不知道那个就是个错别字。他看到天气寒冷而江华却急得不停擦汗时，就忍着笑，走上前用手指着一句话念道："'他这种助人为乐的行为，不仅为孤寡老人送去了温暖，也为我们的埔前中学增光添彩'，还是那个'添'字，你又写错了！"江华听了一愣，这个字不是上次按你说的，下面不是"水"字，而是"点"吗？

老教师说："那个'添'字下面的右侧，是两个点，你只写了一个'点'，写成了'小'字了，这是不对的。"他说完，拿起黑板擦，擦干净一块地方，拿起一支粉笔让江华握住，然后他又握住江华的手，一笔一画地在黑板上把那个"添"字的正确写法给写了出来。写完了之后，老教师意味深长地对江华说道："下次可再别写错了，你自己写作业、写作文在本子上偶尔写了错别字可不要紧，但这是学校的黑板报，是学校对外宣传的一个窗口，代表的是一个学校的水平，你以后可要注意啊！"

江华听了连连点头，这件小事情，他一直紧紧地记在心上，并且自此养成了一种对文字书写特别严谨的态度。后来他成为了一名执业律师，更意识到写字看似简单，可不小心写错几个字，就会造成巨大的损失。他就曾经历过一个关于文字书写而引起纠纷的案子。

市民李建昌（化名）向法院提起了诉讼，要求市民钟茂材（化名）归还三年前向他借的共计 600000 元的两笔借款，并拿出了两张"借条"作为催讨凭证。但审理该案的法院，作出的一审判决却只支持了一张借条的 500000 元，对另一笔 100000 元的借款未予认定。这是为什么呢？

为证明自己的要求有根有据，李建昌向法院提供了两次借款时他和钟茂材写的两张单据，其中第一张借条，是一份内容明晰的借条。然而，另一张借条却出现了问题。在那张借条上，钟茂材借李建昌人民币壹拾万元，"李建昌"三字中的"建"字被写成了健康的"健"，而"昌"字则潦草地写成个"冒"字。法院审理后认为，符合法律规定的借贷关系，依法应予以保护，李建昌提供的第一张借条可以认定借款事实，因此其还款要求可以被支持，而对第二张借条的姓名，尽管李建昌称是钟茂材故意所为，但由于钟茂材生意失败躲起来了，下落不明，未能到庭应诉，法院做出的是缺席审判，因此无法查实其借款的事实，对那借条的还款要求，法院做出了不予认定的判决。

法官表示，李建昌作为当事人，对当时借条上不规范的书写没有予以重视，从而在发生纠纷时产生了分歧，造成了重大的经济损失，他自己有着重大责任。后来，此案在二审时，经江华做了大量调查工作，包括寻找证人、证物等，费了好大工夫，才让法院确认了那张借条的借款事实。

江华在老教师的热心指点下，加上自己严谨的工作态度，将学校的黑板报打理得越来越好，声名远扬。

一天，江华的二叔江桂全来学校找到他，说要委托他做一件重要的事情。

原来江桂全一个朋友的妻子梁某，上山去割草，在荒山野岭中，被一个心怀不轨的男人瞄上，按在草丛里奸污了。痛苦而又单纯的梁某突遭不幸，脑子已经完全乱了，她本想马上去报派出所，但"家丑不可外扬"的古训又使她放弃了这种打算——她担心自己一家人名声在村里要臭一辈子。内心挣扎了三天，濒临崩溃的梁某觉得自己没脸在这个世界上活下去了，最终选择了跳河自杀。梁某被人救下后，其丈夫也得知妻子的不幸遭遇，悲愤难当之余，便领着妻子去公社要讨回公道。梁某认得侮辱她的男子是邻村的一个二流子。公社的领导很是同情梁某，让他们写个状子来。可这夫妇俩都只有小学文化，写不了状子。于是他们找到江桂全。江桂全也没写过状子，忽然想到自己那个在埔前中学念书的侄子江华，知道他学习好，还负责给学校出板报，文化水平肯定很高，便决定让他来写这份状子。

叔叔的委托让江华感到非常意外，心想自己只是一个高中生，从没见过什么控告状，更别说提笔去写了，叔叔怎么会找自己来承担这个差事呢？

二叔江桂全就简单地给了他一句话："我相信你的文笔！"

"可……可我从没有写过控告状啊！"江华为难地说道。

"你是一个聪明的孩子，我想你是有办法写出一份控告状来的。"二叔伸手摸了摸他的头，接着把他朋友妻子被强暴的事情经过讲述了一遍，就走了。

接到这个特殊任务的江华急得茶饭不思，尽管他对控告状的书写一无所知，但他却不敢辜负二叔对他的期望。

江华想尽办法，四处寻找有关法律文书，费了好大的劲儿才弄懂了"控告状"原来是指机关、团体、企业、事业单位和公民，依法向公安机关、人民检察院或人民法院揭发犯罪行为，请求依法惩处犯罪分子的书面材料。弄清楚"控告状"的概念，江华又查找了许多资料，对书写"控告状"的格式有了大致的了解，便开始起草"控告状"。

一个星期后，一份"控告状"在江华的笔杆子下诞生了！十多年后，江华回顾起自己写的第一份"控告状"，不仅稚嫩，并且非常粗糙。可就是这样一份粗糙的"控告状"，不仅为那受害者讨回了公道，将犯罪之人绳之以法，还在他的心中埋下了一颗"仗义执言"的种子。

就在江华替人写状子后不久，他的学校又爆出了一个大新闻：一名数学老师跟一名女学生好上了，还被人抓了个现行。那数学老师虽没教过江华，可他对这位老师还是有些了解，甚至很是同情。这位老师三十多岁，叫闻华新（化名），是外地来的，据说是个名牌大学毕业生，被下放到埔前中学来教书，除了上课外，他还得干一些扫厕所、挑大粪的粗重工作。江华还知道这位老师年纪也不小了，因为日夜操劳，看起来像个小老头，不知是不是身份原因，还没结婚，一直住在学校最边角的一间宿舍里。

这事情在校园里产生了很大的震动，江华却不怎么去关注，他不是一个多事之人。可他的班主任却把他叫到了办公室，要他到学校会议室去帮个忙。

江华随着班主任走进了会议室。会议室里一边是刚刚在学校里制造出大新闻的主角闻华新老师和那个女学生，一边是校长和其他校领导，包括江华的班主任。只见闻华新老师沮丧、惊骇地低着头，显出一副六神无主、不知所措的样子，脸上似乎还有泪痕。而那女学生则是一副心不在焉，无所畏惧的神态。

江华进来后方才知道，学校要对这件事情进行审问，让他来帮忙做记录。这令江华颇感意外，老师和学校的领导为何要找他来做记录呢，且不说学校里的老师中知识渊博、书写工整的多的是，就是学生里面，比他能干的也是不少，可为何偏选他来担任这次"特别审问"的记录员角色？此事在江华心中一直是个谜，可他那天还是正正经经地承担了任务，用老师准备好的笔纸做起了记录。

在审问时，当事的女学生对审查她和闻老师的学校领导、老师说，她喜欢闻老师，和闻老师好上了，是她主动到闻老师宿舍去的……这是他们两厢情愿的事，并且只是亲了亲嘴，没干别的，学校没权力干涉。校长严厉地批评道，你们在学校里胡搞，学校就有权力管，不但有权力管，还要送闻华新去公安局，告他欺负女学生，扰乱学校秩序、败坏学校风气……可那位女学生却始终摆出一种豁出去的态度，一直强调她是自愿的，他们是自由恋爱。

江华从未见过如此胆大的学生，在那个年代，正常谈恋爱的男女，在公众场合都不敢牵一下手指头。江华一边做着记录，一边很奇怪，一个女生，怎么能这样敢于表达自己的爱情呢？后来他才得知，这女孩父母早亡，由哑巴爷爷带大。爷爷无法教导她，就由着她惯着她，让她对一切事物都无所忌惮。事隔多年，江华再来回味这件事情时，才明白是自己情窦初开较晚，高中时期，许多十七八岁的男女同学已到了人生情感的一个火山活跃期，熔岩奔突，炽流横溢，在每一个感情的缝隙中，随时都可能喽喽地冒烟和喷火！

这是一件让学校领导感觉到非常棘手的事情，如果女学生不主动说喜欢闻老师，或者是她沉默不言，那都好处理，直接把闻华新老师扭送公安局就得了，诱骗学生，欺负良家女子的罪名可不轻。可经女学生这么一说，这事就成了男欢女爱，无论怎么说都确实是两厢情愿。相爱是无罪的，有的只是道德方面的问题。

江华那时对法律知识不太了解，心中也不太理解闻老师和那女同学的行为，可他却很认真地做好这个庄重而又神圣的记录工作，一字不漏。事后，闻华新老师被调走了，而那个多情而又敢作敢为的女学生则被劝退了。多年后，江华回想起这件事情，才明白那天他其实担当的就是一个类似法庭书记员的角色啊！

第三章

鱼跃龙门。他成了中国恢复高考后的第一代

天之骄子。

1975 年 7 月，江华在埔前中学高中毕业了。这样的时刻，他跟班上的其他同学一样，心里都有一种说不出的复杂情感，少年时代结束了。那时大学不直接在应届高中生里选拔，这就意味着学校里绝大部分来自乡村的孩子，就要各回各家，开始自己的农民生涯。为此，江华心中有着一种说不出的惆怅。是的，他不怕苦，能忍受耕田种地的熬煎，可是他真不甘心寒窗苦读，却要成为一个农夫。可又能怎样呢？

幸运的是，村大队领导早就听闻江华在学校里才华出众，对他非常爱惜，让他到村里的坪围学校当民办教师。

走马上任当了老师的江华很是开心。做老师原本就是他一直都非常向往的职业，当民办教师，除了能挣工分外，公社一个月还补助三块钱，这不仅可以避免一些繁重的体力劳动，能为家里挣点钱，更重要的是还可以在学校里继续读书学习啊！虽然他那时并不能预测未来，但他始终相信"知识改变命运"。

学校订有报刊，江华在教学之余，一直通过报刊了解着坪围村以外的广阔天地。1977 年 10 月，江晓华惊喜地在报纸上看到了一则他企盼已久的消息：中国教育部在北京召开全国高等学校招生工作会议，决定恢复已经停止了 10 年的全国高等院校招生考试，以统一考试、择优录取的方式选拔人才上大学。

这具有转折意义的全国高校招生工作会议决定，恢复高考的招生对象是：工人、农民、上山下乡和回乡知识青年、复员军人、干部，以及应届高中毕业生。

那个会议还决定，录取学生时，将优先保证重点院校、医学院校、师范院校和农业院校，学生毕业后由国家统一分配。

江华看完消息后，像所有的有志青年一样激动无比，他明白中国由此重新迎来了尊重知识、尊重人才的春天，看到了高考可以带来无限可能——端上"铁饭碗",成为国家干部,甚至是光宗耀祖。为此,江华拼了命地学习,还把自己的名字按祖辈排名——"晓"字辈,改成了江晓华,全力以赴地向高考冲刺。

江晓华家里人多,为了腾出更多的地方给家人,他就搬到学校居住,这样也方便自己的学习。学校的校舍是泥砖瓦房,历经风雨,已是十分残旧,夏天的时候屋子又闷又热,江晓华便躲到学校后面的一棵大龙眼树底下去看书,常常被蚊虫咬得周身是包;到了冬天的时候,却又是寒风侵袭,把他冻得直打哆嗦。可江晓华面对种种困难,都咬紧牙关顶着,哪怕是手脚冻得僵硬,他也不放下书本,以顽强的毅力坚持学习。冬天有时冷得实在受不了,他就自制一个小火盆,摆上几根木柴烧起来取暖。苦吗?江晓华并不觉得。在他的眼里、心里,唯有学习,唯有高考。只要他能越过高考这道龙门,他就可以奔向光明的未来,可以展翅高飞去实现梦寐以求的理想。

古人云:天道酬勤。在百里挑一的高考赛场上,谁学得好,谁学得快,谁就有机会赢得这场没有硝烟的大战。江晓华时刻拧紧心中的发条,夜以继日地努力学习,他不怕苦不怕累,怕的就是自己没能抓住改变命运的机会。

经过一年多时间的艰苦奋斗,在 1979 年夏,江晓华忐忑地迈进了考场,完成了人生的第一大考。

参加完高考后,江晓华的心理压力不仅没有减少,反而增加了。是啊,高考是许多人人生中的一个重大节点,也是一个考生寄托自己人生价值、希望以及尊严的着力点,但这是千军万马走独木桥啊,怎能不让人焦虑,怎能不让人担忧呢?江晓华除了正常的教务工作外,课余时间又回到家里干农活,用粗重的田地活来减轻心理压力。最后,命运为这个有股永不服输、充满韧劲的年轻人打开了希望的大门,给了他宝贵的机会。江晓华终于在当年只有6% 的录取率中,以优秀的成绩考上了博罗师范学校,成为了村里第一个通过高考端上"铁饭碗"的人。

江晓华至今还清晰地记得那天接到录取通知书的情景,日光暖暖的,碧空万里，田野里绿汪汪一片，凉凉的泥土味随风飘来，远处传来"哞哞哞"的老牛呼唤小牛的声音。一个邮递员摇着清脆的自行车铃来到在了家门口，他高声喊道："江晓华的信！"

江晓华？江晓华是哪个？家里人听了都一脸懵。江晓华把自己的名字改了，他们都还不知道呢。江晓华却是心中"嘭嘭"狂跳，颤抖着双手接过邮递员的信件，迫不及待地打开来。当他看到写着自己名字的录取通知书时，激动的泪水顿时喷涌而出，兴奋地大声叫喊起来："我终于考上了！"此时，家人才明白过来。江良高兴得合不拢嘴"阿华好样的，你为我们江家争光了！"黎秀云从儿子手中接过录取通知书，激动得声音都变了："太好，太好了……"抱住儿子喜极而泣。兄弟妹则争先恐后地要看录取通知书，个个欢欣雀跃。

儿子考上师范学校，江良在家境非常拮据的情况下，还是挤出一点钱来在家里摆了几桌酒席，庆祝自己的儿子"跳出农门"。像天下所有的父母一样，孩子的成功就意味着他们自己的成功。在酒桌上，江良心情舒畅，平时不怎么喝酒的他，在那天却喝得酩酊大醉。开心啊！

开学了，江晓华又准备迈进阔别几年的学校之门。母亲黎秀云为儿子准备了新被褥，并用十多块钱给他买了一块旧手表。上学的那天，一家人一直把江晓华送到了村口。父亲江良用力地拍了拍江晓华的肩膀，却没说话。对他来说，一切尽在不言中，儿子已经走上了一条康庄大道，接下来就是策马奔腾了！

跨入博罗师范学校大门，江晓华百感交集，他终于来到了一个更宽广的学习天地。很快，忙碌的读书生活又开始了。江晓华穿着母亲让人给缝制的两套新衣服，每天都神清气爽地出现在同学们面前。他当年的同学魏德安如此回忆："晓华刚毅清正，沉稳大器，待人礼貌，凡遇学习讨论，俱在研究方法……"魏德安和江晓华当时的数学都是弱项，学得十分吃力，可他们经常一起找老师答疑解惑，在学习上互相帮助，共同进步，最后，他们两人在各个科目中都取得了良好的成绩。

在同学们当中，江晓华因为已经在坪围学校担任过几年民办教师，有着比较丰富的人生阅历，所以在师范学校两年中，他一直都被选为班长。做班干部就是为班级服务的人，江晓华勤勤恳恳，主动承揽了各种苦差事，费心费力地组织各种集体活动，亲力亲为。在学校里，第一届学生会成立，他被选任为学生会宣传部长，还负责办好学校的校刊——《博师学报》。要办好学校的校刊可不是一件容易的事情。"学校教育，育人为本；德智体美，德育为先"，师范学校作为一个"育人再育人"的地方，校报毫无疑问地承担起"育人"的作用。尽管江晓华读高中时在埔前中学编写的"黑板报"也有点类似校报，但相比之下，还是有着很大差异的。校报首先得秉承"学校机关报"的权威性，既要及时、准确地传达学校党委、行政的最新精神、政策，又要最大限度地遵循新闻的传播规律，把新闻价值放在报道的首选地位，同时还要把读者最想知道或者编辑最想告诉读者的信息通过有限的文字和版面传达给读者，要兼顾可读性。江晓华没有被难倒，他带领着几个同学克服了种种困难，收集稿件，刻印版，把校报办得有声有色，发挥了其应有的作用。做班干部、办校报，江晓华经常忙得废寝忘食。尽管如此，他却并不觉得苦和累，比起在农村里耕田耙地的活儿，这些苦累不值一提。

江晓华在博罗师范学校的表现比他当年在埔前中学读书时更加出色，成为学校里的一名佼佼者。当然，这个佼佼者也有被严厉批评的时候。江晓华至今还记得他在师范学校唯一挨过的一次批评。

学校有次召开重要的会议，参会的除了学校领导班子外，还有各班级的班主任。因江晓华的班主任有事未能来参加会议，就委派江晓华代替他开会，回头再向他转达会议精神。江晓华当时正在编辑着校刊《博师学报》的几篇稿子，忙得忘记了时间，等他匆匆赶到会议室时，已经迟到了十多分钟。校长马上停下了讲话，当场对江晓华提出批评：开这么重要的会，为何迟到？倘若是在抢险救灾，这迟到十多分钟要耽误多少事啊！校长的话，直戳脸面，毫不留情。江晓华当时心里很难过，迎着学校领导和其他班主任的目光，他恨不得钻到地底下去。他愤愤不平地想，不就迟到十来分钟吗，区区小事，何必如此动怒，何况他还只是一个学生。后来，他仔细一想，这不仅是迟到的小事，而是规矩和纪律的要求，约好的会议时间，你没有按时参加，便是不讲规矩。

批评得好！江晓华每每想起这件事情，他都在心中对校长的那番批评说一声谢谢。是的，这个批评让江晓华警醒，也在他以后的生活、工作中产生深远的影响。无论什么会议和公共活动，他从不迟到。

1981 年，江晓华完成了师范的两年学业。当其他同学等着分配的时候，江晓华却因在校表现突出，是个难得的人才，河源和博罗两地好几所学校向他伸出了橄榄枝。博罗县石坝镇教育部门的有关领导更是亲自到学校去邀请他。江晓华被感动了，于是就成为了石坝中心小学的一名公派教师。

又回到了教室做老师，江晓华踌躇满志地走上了新的工作岗位。他游刃有余地展现自己的才华、教书育人，很快在学校赢得了无数赞许，受到了学生们的深深爱戴。江晓华从小热爱音乐，因此他主动再兼任几个班的音乐课。《我爱北京天安门》《小小竹排江中游》《让我们荡起双桨》等歌曲经过江晓华的教学，传唱整个校园，到处都有嘹亮的歌声，校风校貌大大改善。不久，江晓华因教学成绩突出，又被调到石坝中学任教。

石坝中学是一所创办于 1942 年的老校，坐落于美丽的石坝河畔旁，是一所农村公立初级中学，有着悠久的办学历史。来到石坝中学这个更广阔的平台，江晓华保持着一贯的认真与勤勉。如果说两年的师范学习授予了他的各项教学技能，那么石坝中学则是一个真正检验他技能的战场。他在石坝中学很快适应了新的环境和工作内容，他兢兢业业地做自己的教学工作，不敢有丝毫懈怠，天天像打了鸡血一般，不知疲倦。他是一个有着完美主义情结的人，凡事都力求尽善尽美，对工作有着极高的责任感。在教案的准备细节上，他反复斟酌，不断实践，白天，他站在三尺讲台上讲课，晚上，则根据教学实际情况进行总结，以求达到最佳的教学效果。他勇于开拓，许多创新的教学方法让同事们另眼相看，觉得他特别有能耐，纷纷向他讨教优秀的教学方法。每每遇到有同事上门请教，江晓华都会毫无保留地传授经验，坦诚相待，绝不会藏着掖着。至于工作上的一切规定、要求和任务，江晓华更是认真地执行，出色地完成……他这块金子，在石坝中学开始发光发亮，不仅得到了学校的充分肯定，更赢得了所有学生的好评和家长的爱戴。当时，江晓华的老家在建房子，他的工资大部分拿回去建房，常常成为"月光族"，可他只要走出校门，石坝圩镇的所有粮行、肉铺都愿意给他赊账，尽管江晓华每次赊账后的次月会马上将钱款还上，可许多店家都说："江老师，不急不急，如果经济紧张，你拿去吃就是了。我们孩子的教育是多亏了你啊！"更多的家长要拉江晓华上他们家去吃饭，可他都一一婉拒了。深受欢迎的江晓华以更大的热情投入到工作中，短短一年时间，凭借出色的教学工作能力，他被提升为石坝中学团总支部和石坝镇团委副书记。作为一个工作不久的年轻人，这可是极大的褒奖与鞭策。

第四章

弃铁饭碗。重新设定职业目标，奔向更为广阔的新天地。

江晓华在石坝中学奠定了自己的基础后，慢慢地一些烦心事也随之而来。这个烦心事不是来自工作，而是来自生活。

由于石坝圩镇是方圆十几公里最繁华的一个集市，附近村子的许多农民时常会拿着一些土产到石坝圩镇来赶集，换点现钱帮补家用。江晓华的老家坪围村与石坝圩镇相隔也就七八公里路程，因此，每逢圩日，就常有一些坪围村的乡亲来赶集。

人生在世，除了要有养家糊口的能耐，另外一个很重要的要素就是：关系！马克思说：人是社会关系的总和。"关系"是人们赖以生存的土壤，人是最离不开"关系"的。许多坪围村的乡亲通过种种"关系"，找到了在石坝中学工作的江晓华这个"关系"，村民赶集之时，常常上门来"拜访"，并把他们卖剩的土产，如黄豆、花生、红薯等，拿出一些送给江晓华老师。江晓华对乡亲们也是来者不拒，热情接待，说着家乡体己话，对一些有困难的乡亲，也主动伸出援手。石坝中学成了坪围村村民来石坝圩镇的一个"关系处"。

人情往来一多，人事关系就相对复杂起来。这"关系"不是江晓华与同乡村民的"关系"，而是与学校领导的"关系"。

坪围村邻近罗寨山，山上生产着许多又高又大的优质杉木。杉木作为中国南方最传统、最普及、最深入人心的优质木材，已经是人人皆知的。它软硬适度，木材纹理通直，结构均匀，在湿度和温度变化的情况下仍然不翘不裂，还有一种独特的香味，这种香味叫"杉脑"，能抗虫耐腐，具有一定的药理作用。坪围村的村民就经常砍下杉木扛到石坝圩镇来卖。可卖杉木的人多，常常有卖不掉的，这样村民就不得不把长长的、几十斤甚至是上百斤的杉木往回扛。

看到乡亲扛着重重的杉木要来回走十几里路，善良的江晓华心中很是同情。为了减轻卖杉木乡亲的负担，他就主动让那些卖不掉杉木的乡亲把杉木先放在学校这里，待下个圩日到来时，再到学校扛出去卖。此举大大减轻了卖杉木乡亲的负担，他们都对江晓华感激不已。慢慢地，有越来越多的村民将卖不掉的杉木往江晓华工作的石坝中学扛。杉木在校园里越堆越多。

刚开始时，江晓华并不在意，只想着这样能帮到自己的乡亲。后来有学校的领导提醒他，他才知道乡亲们扛着长长的杉木进进出出，以及随地摆放的杉木已经影响到学校正常秩序。于是，江晓华便让乡亲们把杉木扛到一排学生宿舍后面一个不起眼的角落去，并让他们要避免在学生上课时间扛着杉木进出校园。碍于江晓华在学校的出色表现，学校领导也就睁一只眼闭一只眼没多加干涉。可随着时间的推移，学校里面竟然有人反映江晓华在教学之余，还从事着贩卖杉木的生意，甚至还传言江晓华通过买卖杉木，挣了不少钱，在老家坪围村里建起了漂亮的房子。

一个教师，不好好教书，却去做生意挣钱，于是学校领导就开始找江晓华谈话了。江晓华没想到自己的一片好心，竟然会被别人误解，甚至成了他最后离开教育战线的导火索。

学校领导找他去谈话，非常严肃地说道："江老师，不是我批评你。你年纪轻轻的，教学也有水平，不该呀。你怎么这样急功近利……啊？"

学校领导对他不务正业去做生意的行为狠狠地批评了一顿。江晓华有口难辩，他哭了，在心里哭了。他只是单纯地想帮帮乡亲们而已。

江晓华被学校批评后，就想劝说乡亲们不要再把杉木寄放到学校来了，以免影响学校教学秩序。可当他看到乡亲们汗流浃背，又要吃力地把沉重的杉木往家里扛时，他的心就一阵一阵揪着痛，就像自己被放在火上炙烤般难受。从大山里走出来的人，太能体会到那种苦那种累了。为减轻卖杉木乡亲的负担，江晓华思来想去，想着让他们将杉木放学校去确实影响不好，毕竟那是公共场所，但如果在校园外再给他们找个地方摆放杉木，那也是可以的啊。于是，他就四处打听，多方联系，终于为乡亲们找到了一个可以免费搁放杉木的地方。乡亲们对江晓华为他们解决了一个大问题而感激不尽。有地方堆放杉木了，于是乡亲们就把更多的杉木扛了过去储存着，没多久，那个临时堆放点竟发展成了一个临时杉木交易点。

江晓华以为事情就这样解决了，看到乡亲们的生意越做越好，也打心里高兴，可事情发展并没有他想象的那么简单。没过多久，又有人到学校甚至是上级教育部门去反映他在校外营商，继续做着他的杉木生意。尽管江晓华极力争辩，可上级部门还是对他作出了严厉的处分，责令他进行深刻的检讨。

受到处分的江晓华难过极了，也委屈极了。自己只不过是给村里人办了一件力所能及的事情。可他又不知如何跟人去解释，更不敢让家里人知道，怕他们担心。连续好长一段时间，他的脑袋里都是嗡嗡的，心情失落到极点，也无法专注去教学了。更让他伤心的是，他的同事也以为他真的是不务正业，认为他堂堂一个公派教师，不好好教学，却去做生意，这算怎么回事？就逐渐地跟他疏远，甚至学生和学生家长也不像以前那样尊重他了……这一切对江晓华来说，打击是巨大的。他一时悲凉，一时气愤，心里五味杂陈，百感交集，嘈杂的现实让他萌生了离开学校的念头。

"走！"江晓华的脑海里突然冒出这个充满悲壮色彩的字眼时，自己都吓了一跳。他曾极力地想把自己的脑袋里的这个东西给压制住，毕竟做老师是他从小就向往的职业。可他越压制，那个"走"的念头却越强烈，内心深处有个声音一直在向他召唤：走，走吧，你得离开这里，飞向那更广阔的天地……

是的，江晓华想要改变，改变现状，重新启航！此时，25岁的江晓华已经褪去了稚嫩，也已成家立业，不再是"一人吃饱全家不饿"的状态。可即使这样，他依然选择离开学校，转换一个新的人生舞台。

敢于抛开安稳的现状去继续闯荡，这源于一个男人足够的勇气和崇高的理想！

伴随着江晓华重新开始的，不仅有他的勇气和胆量，还有多年积攒下来的生活历练。迈出校门，意味着他要彻底离开熟悉的讲台走出乡镇，向"城市"进发！

第五章

绝地崛起。成为通过第一次全国律师资格考试的第一代执业律师。

江晓华毅然决然地离开了石坝中学，来到惠阳地区。惠阳地区（当时辖惠州、河源、东莞、汕尾等地）对他而言，机遇与挑战并存，他坚信这里有容纳他放飞远大理想的机遇。

在旁人看来，辞去自己熟悉、安逸的公派教师职务是极不明智的，放着安稳的日子不过，偏偏要出去冒险，这是近乎疯狂的举动。

江晓华回到了起点，将重新设计人生，寻找努力方向。虽然前途茫茫，但他此时却心比天高，这个起点又是一段人生的开始，他相信只要有改变的勇气，一定可以逆袭，从低谷再走向巅峰。

是的，金子，放哪儿都发光。江晓华离开学校不久，经博罗县组织部的推荐，博罗县外贸局马上向他这个优秀人才伸出橄榄枝，要他去当办公室主任，并许诺将其妻子也安排在外贸局做临时工，还解决他的住房问题。与此同时，惠阳地区的法律顾问处刚刚恢复不久，也需要招收人手，他们不知从哪得知江晓华这个读中文的高才生正在等候安排，又曾经在中学当过语文老师，表达能力一定了得，要他过去面试。惠阳地区的发展平台当然要比博罗县城的发展平台更大更广阔。江晓华权衡再三，决定还是放弃博罗县外贸局的优厚待遇，去一个更大的平台发展。于是他便来到了惠阳地区法律顾问处面试。

江晓华思路敏捷、口才好、应变能力强，文字功底扎实，很顺利地通过了面试，成了惠阳地区法律顾问处的一名法律工作人员。

律师制度是现代国家法律制度重要组成部分。一个国家律师制度的发达与完善程度往往是衡量一个国家民主与法治程度的重要标志。在我国长达两千多年的封建专制社会中，由于缺乏律师制度赖以生存的土壤，因此没有出现真正意义上的律师职业。应当说，在我国真正意义上的律师制度是在新中国成立以后逐步建立和完善的。新中国建立后，在中国共产党的领导下，根据当时的"临时宪法"——《中国人民政治协商会议共同纲领》第17条的规定，中央人民政府司法部发出了《关于取缔黑律师及讼棍事件的通报》，明令取缔了国民党的旧律师制度，解散了旧的律师组织，并停止了旧律师和社会上讼棍的活动。与此同时，开始探索建立新的律师制度。1950年7月，中央人民政府政务院公布的《人民法庭组织通则》中规定："应保障被告有辩护和请人辩护的权利。"其后，中央人民政府法制委员会在关于《中华人民共和国人民法院暂行组织条例》的说明中又强调指出：公开审判要做到"当事人和他的合法辩护人在法庭上有充分的发言权和辩护权。"1954年我国颁布了第一部宪法，其中第76条明确规定："被告人有权获得辩护……"同时公布的《中华人民共和国人民法院组织法》规定："被告人除自己行使辩护权外，可以委托律师为他辩护……"在司法审判活动中，律师开始发挥独特的作用，有辩护人出庭辩护的刑事案件，判决后被告人提出上诉、申诉的很少，冤假错案基本上没有发现，这不但减少了许多不应有的讼累，而且法院和检察院也提高了办公办案效率和质量。但是自1957年下半年起，由于受"左"倾思潮泛滥的影响，律师制度受到极大的冲击，1959年司法部被撤销，律师制度也随之夭折，其后二十多年特别是十年动乱期间，律师制度实际上已被取消。

党的十一届三中全会确定了全党工作重点转移到社会主义经济建设上来的工作方针后，我国加快了"健全社会主义民主，加强社会主义法制建设"的步伐。1978年3月5日，五届全国人大二次会议通过的《中华人民共和国法院组织法》《中华人民共和国刑事诉讼法》和《中华人民共和国民事诉讼法》对律师参与诉讼活动作了规定。此后，随着司法部和各级司法行政机关的恢复建立，从1979年下半年开始，各地着手依法重建律师队伍，律师制度方面的立法工作也有条不紊地进行。1980年8月26日，五届全国人大常委会第十五次会议通过了《中华人民共和国律师暂行条例》，该条例对律师的性质、任务、职责、权利、义务、资格条件及工作机构等做了明确规定，这是新中国建立以来有关律师制度的第一部法律，它的颁布使我国律师制度以法律形

式固定下来，从而使我国律师制度的建立和发展走上了法制化轨道。（参考：熊秋红《新中国律师制度的发展历程及展望》）

1985年12月，江晓华在惠州市长寿路29号的惠阳地区法律顾问处上班了。他刚开始曾担心，自己能行吗？虽然有满腔的工作热情，但毕竟没有学过法律，对司法工作非常陌生，工作如何开展，这在他的头脑中几乎是一片空白。

"学习靠主观能动性！"江晓华决定一切得从头学起，从零起步。在工作中，遇到不懂、不会的地方，他便向其他同事请教，没过多久，他便适应了这份司法工作。江晓华对待任何事都有着锲而不舍的精神，他积极参加政法干部学院的培训，找来律师资格考试的书籍，一边工作一边认真学习，随后还到省里司法学校去学习。他从"法盲"的基础重新开始学习，一边学习一边做笔记，慢慢地给自己打下了非常扎实的法律基础。从此后，江晓华便进入了一个"法律世界"，他走在路上，想到的是公路法、交通法，看到学生去上学，他想到未成年人保护法，看到流水线上的工人，想到的是劳动法、安全生产法，走到市场，他想到的是税收征收管理法、食品卫生法……法律知识一点一点深深地刻在了他的脑海中。在政法干部学院培训的时候，江晓华最喜欢的就是跟同学举行辩论，就某一问题或是某一个案例来辩论，这实际上是围绕辩论的问题而展开的一种相关知识的竞赛，思维反应能力的竞赛，语言表达能力的竞赛，也是综合能力的竞赛。江晓华扮演的通常都是"正方"，同学们则来做"反方"。他语言通畅，逻辑清晰，不畏惧同学们的"刁钻"辩驳，经常跟同学们辩得面红耳赤。他认为一些法律也未能涵盖到的问题，提出牵强的观点，甚至是歪理的辩词，但是你能让对方接受、信服，这也是一种能耐！在辩论中败下阵来或是处于下风的同学感慨地对江晓华说道："你太强悍了！"江晓华笑道："强悍是一个律师应该具备的素质啊！"在后来的律师职业生涯里，江晓华更是从实践中体会到做律师一定要有强悍的气场，否则你就无法成为当事人的依靠，无法取得他们的信赖，也镇不住那些专挑软柿子捏的司法人员。

经过半年多时间的刻苦学习和培训，在 1986 年，江晓华参加了司法部在全国范围内举办的第一次全国律师资格考试，并顺利通过，成为了《中华人民共和国律师暂行条例》实施后第一批执业律师。

尽管江晓华取得了律师资格，可他深深明白要做好律师这份工作并不容易。在重重困难面前，他没有退缩，一方面虚心地向单位里的前辈、同事学习请教，一方面继续用法律知识充实自己的头脑，努力提高自己的法律专业素质，坚持"摸着石子过河".

惠阳地区法律顾问处最初的业务不多，因为很多人都不了解、不知道这个部门。江晓华没想到自己接到的第一个案子竟然是离婚案件。

女子姚慧萍（化名）来到惠阳区法律顾问处，要与她的丈夫离婚。江晓华接待了她，请她谈谈离婚的原因。

"江律师，我一个人在家操持老的照顾小的，从一个青春少女，累成现在这个黄脸婆，他倒好，整天在外花天酒地不着家。我为了这个家，为了孩子，也就忍了。可他这个'酸果'，还背着我，跟别的女人勾勾搭搭……"姚慧萍对其丈夫李建国的恨一下子溢了出来，咬牙切齿地说："他们太不像话了，我受不了，我要离婚！"

"你有抓到他出轨的证据吗？"江晓华问道。

"我没能现场抓奸，他们行事秘密，是我审他审出来的！"姚慧萍气愤地说道："他一直隐瞒，老在我面前装样子，在别人面前秀恩爱，其实都是假的。他出了门就不一样，出了门就打扮得像个新郎，那是去勾女人呢。你绝对想不到，他还兔子敢吃窝边草，跟同单位的一个狐狸精有暧昧……说起来我就气，哎呀，气得胃痛，什么人啊，我要跟他离！"

俗话说：清官难断家务事。作为一个律师，最怕的就是处理这类婚姻家庭的案件。听了姚慧萍的离婚诉求后，为了调查真相，江晓华约到了女子的丈夫李建国。

他们是在一个茶楼里见面的。这个人跟江晓华见面时，穿着一身休闲装，夹着一个包，看上去懒洋洋的。从神情上看，依稀还能辨出当年的眉清目秀，也曾经是一个很帅气的小伙子。可他现在一切都往横处发展了，头也秃了顶，挺着一个啤酒肚儿，人显得臃肿、虚胖。看样子，架势虽还在，内里却垮下来了。

他见江晓华主动找自己，显得很热情，上来坐定后就先递上了一张名片："江律师，请多多关照。"

他们坐下来，喝着茶。江晓华开门见山地说："你老婆怀疑你有外遇，要跟你离婚。不知你有什么想法？"

"我不离！"李建国把茶杯放桌子上一顿，脱口说道，"你别听她的，她整天唠唠叨叨，就会捕风捉影，把我害得够苦！"李建国告诉江晓华，他曾是一个事业单位要害部门的负责人，属于那种能够呼风唤雨的人物，后来他老婆到单位闹了几次，领导为消除影响，把他调到了一个清闲的部门……

江晓华默默地坐着听他倾诉，心潮起伏，觉得一个男人，如果没有处理好一些男女关系，其后果是很严重的。

"真是太过分了，我对她够好了，她要啥我给啥，可她仍不满足，整天怀疑我这个，怀疑我那个。"李建国说着说着，不知触动了哪根神经，竟然掉泪了，"这些年，我经常出差、出国，每次回来，都给她带礼物。结婚的时候，我们家什么样的电器都不缺，全是进口的，去美国，我给她带最精致的金项链，去法国，我给她带最好的香水、最好的包包……可以说，我没有对不起她的地方。"

江晓华综合分析研判，决定采用融合了法律和人情观念的"善律者不讼"的方式给他们进行调解。"善律者不讼"这个观念曾是孔子的社会理想之一。在《论语·颜渊》中，孔子说"听讼，吾犹人也，必也使无讼乎！"江晓华心想，男女双方结婚不容易，夫妻之间平日有点磕磕碰碰的事是难免的。夫妻离婚，必将伤害子女，影响社会的安定。他认为这是一段并没有缘尽的婚姻，他们夫妻俩其实最缺乏的就是沟通，我疑心你，你恼怒我，最后感情裂痕越来越大。这种事情尽量不要打官司，实在要打官司也以调解为主，不要把问题推向极端，不要撕裂人伦。江晓华先把姚慧萍约到了法律顾问处，说道："姚女士，你和你丈夫李建国之间的婚姻基础并没有破裂，只是你们平时沟通太少，以至夫妻之间误会越来越深，其实你丈夫是很爱你的……"他诚恳地劝说姚慧萍不要和丈夫离婚，要多作自我检讨。他又找来李建国，苦心婆心地劝他："作为一个男人，你应该多和你老婆交流，想想当年谈恋爱时光，那个时候对象是怎么找的；面对老婆的唠叨，你不要太在乎，因为唠叨是不少女人的通病，就当唠叨是杯白开水。你们就是缺少沟通，时间长了会积重难返……"

这两夫妻最终经江晓华不断劝拢，终于握手言和，口中说着"谢谢江律师"，走了。

通过庭外调解，妥善地处理了这桩离婚纠纷，江晓华十分开心，他感慨道："辨法析理，胜败皆服，有时候这调解工作啊，不以双方暂时的和解为圆满，而是要从根本上，帮他们找到问题，找到事件的危机，才能够解决。"这就是江晓华一直都十分推崇的典型的"善律者不讼"，在矛盾萌芽的阶段，在明确双方利益诉求、情感尊严的前提下，从根本上找到问题所在，设法解决，均衡双方的利益，不制造人伦亲缘的撕裂，得体地进行解决。

当然，要做好"善律者不讼"，这对一个律师来说，要求是很高的，既要有学识、阅历，也要知人情、通伦理，就是说，律师也必须是一个生活阅历丰富、为人厚道实诚的人。

在江晓华等律师的努力下，"惠阳法律顾问处"的工作局面迅速被打开，咨询和求助的群众纷至沓来。老百姓开始逐渐意识到，自己的合法权益需要法律来保障。作为国家法律工作者，江晓华深感自己身上的责任重大，尽自己最大的能力为群众提供法律服务。他明白要做一名好律师，需要有勇气和胆量，需要顽强的意志和品质。他克服了在法律工作中遇到的种种困难，努力地工作，辛勤地泼洒汗水，潜心致力于对律师的辩护效果的研究和总结。他认为公诉人追求的是主观对客观认识的逼真度，逼真度越高，主客观差距就越小。律师追求的是已被起诉书认定的事实的可证伪度，其可证伪度越高，则起诉书认定的事实就越不可靠，审判长追求的是主观对客观认识的确认度，其确认度越高，法官的裁判就越符合客观真实。因此，为了达到刑事辩护的效果，江晓华总是非常用心地调查事实，收集证据，辩论公诉机关提供的证据是否真实合法，程序是否有问题。他在辩护中，论证严密，丝丝入扣，有理有节，给人以无懈可击的感觉；他的雄辩口才、敏捷思维，认真投入的工作态度和执着精神让委托人以及法官都深深佩服。慢慢地，江晓华的名气一传十、十传百……逐渐在惠阳地区传播开来，在社会上产生了较大影响。

第六章

怀才抱器。挂牌成立惠州市第一家『民间号』律师事务所。

　　1988年，惠阳地区改为地级市——惠州市，惠阳地区法律顾问处改为"惠州市律师事务所"。江晓华因工作表现突出，得到了惠州市司法局上级组织的赏识，提拔为市律师事务所副主任。江晓华成了当时为数不多的，未入党便被破格提干的年轻人。

　　江晓华是一名责任感非常强的律师，他在工作过程中曾认真地思考着一个问题：在律师制度恢复之初，国家将律师定位成"国家法律工作者"，律师和律师事务所都由国家直接管理。当时这样定位是完全必要的，有利于确立律师的威信。但随着经济体制改革的不断深入，由国家包办的律师工作这一做法的弊端越来越多。一是律师编制受到束缚，律师队伍难以迅速发展，律师事务所存在"人少事多"的矛盾，大量法律事务被拒于律师事务所大门之外；二是把律师冠以"国家法律工作者"的名称，使律师思想受到了束缚，特别是在刑事辩护中，律师难以放开手脚，辩护效果势必大打折扣，难以树立律师的威望，难以发挥律师应有的作用。江晓华在期盼着律师体制的改革，他希望打破律师编制的束缚，尽快壮大律师队伍，积极推进律师事业的发展。

　　机会终于来了。1992年，惠州市律师事务所要进行改制，公职人员可以走出体制成为一个自由执业律师。可没有一个人敢响应，大家都不敢轻易地丢掉"铁饭碗"，放弃"公务员"身份。江晓华经过一番思考，觉得在体制内，很难发挥一个律师的才能，便第一个表态要辞去公职，开办律师事务所。为此，他进行了广泛了解和听取意见，还专程去省司法局找一位要好的朋友说出自己想成立惠州市第一家律师事务所的计划。那位朋友知道他认真踏实的工作作风、积极进取的钻研精神和出色的刑事辩护才能，在惠州市律师事务所工作时已有了很高的知名度，觉得他在惠州组建第一家律师事务所一定能行，便鼎力支持。

　　可惠州市司法局的领导认为江晓华是个不可多得的人才，舍不得让他走，便做他的思想工作："你辞去公职，那所有的福利待遇都没有了……"为了挽留他，事务所给他开出了许多优厚的条件：提升为办公室主任，享受正科级待遇，或到刚刚成立的大亚湾经济技术开发区去筹备成立司法局，并出任局长……可江晓华都一一拒绝了，像当初离开学校那样毅然决然，没有半点拖泥带水。

1993年1月，在一个阳光明媚的日子里，惠州市第一家不占国家编制、不要国家经费、自愿组合、自收自支、自我约束、自我发展的合作制"民间号"律所——广东省惠州市新华律师事务所（后更名为：广东宝晟律师事务所）挂牌成立了！开业那天，广东省司法厅的厅长、惠州市司法局局长、惠州市中级人民法院院长、惠州市人民检察院检察长等领导都亲自到场祝贺，参加了开业仪式。

律师事务所创办之初，十分艰辛，办公场地简陋，合伙人加上全部工作人员还不到10人。20世纪90年代初，社会上对律师这个行业还不了解，对律师在诉讼中的职责和作用也不理解，特别是担任刑事案件辩护人时，老百姓都说他们是替坏人说话。

江晓华至今仍然清晰地记得律师事务所成立不久，代理的一宗非常棘手的"故意杀人案"。

一天，一个四十来岁的中年男子火烧火燎地来到律师事务所，向江晓华哭诉道："我儿子少不更事、年轻气盛，无意中把人搞死了，请求律师为我儿子辩护，不要让法院判处死刑……"

这是一宗"间接故意、未成年犯罪、附带民事诉讼"的案件。

鉴于案情重大，江晓华首先想到了合伙人刘湖森律师。

刘湖森是江西萍乡人，1987年毕业于华东政法学院法律系，先在南昌职业技术师院任政教系助教，后来任江西萍乡市监察局审理科副科长。1992年他到广东发展，受到他十分尊敬的律师江晓华的邀约，共同创办律师事务所，是"广东宝晟律师事务所"创始合伙人之一。

江晓华决定与刘湖森共同来代理这起重大案件。他们来到惠州市人民检察院查阅相关档案。据检察院掌握的事实和证据：1992 年 11 月 21 日晚上 8 时多，被告人杨小强（化名）从惠州市汽车站附近乘搭被害人李建成（化名）的出租摩托车至东门街口时，双方因乘抵地点问题发生争执并互相推拉。杨小强拔出身藏的不锈钢单刃水果刀，李建成见状即跑向路边一间个体小店躲避。杨小强持刀在后面紧追。李建成跑进一小商店门口时，从门边拿起一张小竹椅猛力向杨小强砸过去，却被杨小强躲开。杨小强右手持刀对李建成的头部砍了一刀，李建成惨叫一声，即用手捂住头跑入该商店内厅，侧身坐在内厅的沙发上。杨小强又追入，朝双手捂着头的李建成的左手连砍数刀，并朝李建成的右腹部猛刺一刀。李建成当即大呼"救命！"，店主闻声赶来劝阻，杨小强才走出店外，但又将李建成的摩托车踢翻在地，并找来砖块砸坏该摩托车油箱，点火烧坏摩托车，然后才逃离现场。李建成被送至医院，经抢救无效于当晚 10 时 30 分死亡。经法医对尸体检验，李建成的头、手、腹部共有五处创伤，鉴定结论为"死者李建成系被他人使用锐器（类单刃尖刀）刺戳右侧肋部，损伤肝脏致大出血而休克死亡。"杨小强作案后，1992 年 12 月 9 日由其父亲带到公安机关投案自首。

检察机关根据上述事实，有被告人供述、证人证言及法医鉴定结论等证实，控告杨小强故意伤害他人致死，其行为触犯了《中华人民共和国刑法》第一百三十四条第二款之规定，构成故意伤害（致死）罪依照全国人大常委会《关于严惩严重危害社会治安的犯罪分子的决定》第一条第（二）项的规定从严惩处。附带民事诉讼韦冰梅（化名）诉称：我丈夫李建成生前是家庭最主要的劳力，全家靠他的收入维持生活。现李建成被被告人无辜杀害，我全家老少生活来源断了，家庭经济陷入困境，根据刑法第三二一条和《中华人民共和国刑事诉讼法》第五十三条第一款之规定，提起附带民事诉讼，要求被告人赔偿原告人的埋葬费、家属抚养费，以及被烧坏的摩托车修理费等计人民币 8.74 万元。

江晓华和刘湖森在了解案件的来龙去脉时，发现被告人杨小强犯罪时未满 18 岁，并且有投案自首的表现，罪不至死。他们详细地分析案情，又到看守所见过了杨小强，制定了辩护策略：

对惠州市人民检察院起诉指控被告人杨小强犯故意伤害罪表示无异议，但认为被告人与被害人素不相识，且毫无恩怨，案发时因与被害人发生争执，被告人一时冲动，实施了故意伤害他人致死的犯罪行为。被告人犯罪时尚不满18岁，且作案后能投案自首，因此，被告人具有法定从轻、减轻的情节。根据刑法第十四条第三款、第六十三条的规定以及《中华人民共和国未成年人保护法》第三十八条的规定，请对被告人减轻或从轻处罚。

被告人的法定代理人为其儿子伤害致死被害人向其家属表示歉意，并表示作为被告人的父亲，对其犯罪行为给被害人造成的经济损失有赔偿义务。最后，在江晓华和刘湖森的共同努力下，惠州市人民法院判决杨小强犯故意杀人罪，判处无期徒刑，剥夺政治权利终身，挽救了杨小强一条性命。

开罢了庭，江晓华被受害人家属团团围住，家属指着他的鼻子骂，质问"为啥替坏人说话"。江晓华一边解释，"这是在行使法律赋予的辩护职责，为了案件的公平公正……"一边请求法警出面，这才脱困。

"广东宝晟律师事务所"作为司法系统的一个改革试点，在惠州率先成立，上面就有一个要求，那就是只能成功，不能失败。律师事务所成立后，作为负责人的江晓华深感自己身上担子的沉重。他意识到律师事务所要生存要发展，一定要让群众信服律师制度，必须要以出色的成绩去证实，让群众心服口服。他决心以"讲诚信、负责任、有担当"这种精神和理念去办所，把"坚持信念、精通法律、维护正义"作为服务宗旨。

"盖有非常之功，必待非常之人。"人才是事业发展的基石，高素质的律师人才队伍是为客户提供优质法律服务的前提保证。江晓华在律师事务所慢慢步入正轨后，便迅速组建律师队伍。在"法律顾问处"工作的时候，他曾试探询问了一些同事，如果他辞职出来单干，愿不愿意一起"下海"打拼，结果十个有九个都摇头拒绝，舍不得自己的铁饭碗，想过安稳的日子，剩余的那一个也是犹豫不决，不敢表态。可当他毅然辞职下海创办了律师事务所后，大旗一举，竟然有好些优秀律师奔他而来。江晓华通过考核慢慢招募到了一批热爱律师事业且具有较高专业素质和文化水平的律师，采取边工作边学习边培训的方法，迅速地建立起一支觉悟高、纪律严、业务过硬、团结奋斗、凝聚力强的律师队伍。

客观上讲，一个律师事务所的发展壮大，离不开时代的发展和国家经济强盛的形势，离不开律师事务所领导人的远见卓识和统帅能力，离不开律师事务所在长年累月的积淀中形成的执业特色和品牌效应。改革开放以来，惠州市以邓小平理论为指导，锐意创新，大力利用地缘优势，坚持"工业立市"的发展战略，坚定不移地走发展外向型经济的道路。以经济发展为龙头，各方面建设全面发展。

邓小平理论不仅成就了中国改革开放大业，随着波涛汹涌的经济发展浪潮，我国法制建设也取得长足进步。邓小平同志强调，社会主义市场经济必然是法制经济。1986 年 1 月，邓小平同志明确提出了"一手抓建设，一手抓法制"的著名论断，他说："搞四个现代化一定要有两手，只有一手是不行的。"市场经济和法制建设是密不可分的，经济促进法律发展，法律为经济保驾护航。

随着惠州经济呈现日新月异、蓬勃发展的上升态势，市场对法律的需求也日益增突出。江晓华凭借对十一届三中全会精神的深刻认识，敏锐地看到新时期律师工作的方向，意识到：律师事业要发展，必须把律师的命运同国家、民族的命运紧紧地捆绑在一起。此时，我国的经济一片蓬勃发展，到处欣欣向荣，江晓华觉得要适时地引导律师走出狭隘的刑事辩护的圈子，积极参与到为经济建设服务上来。这是时代赋予律师的职责。于是，江晓华带着他的律师团队敲响了为经济建设服务的战鼓，及时地把握形势，组织律师认真学习党中央对经济建设的论述，要求律师在关心经济建设全局的同时，用更多的精力调查研究惠州本地企业的基本情况，研究企业家的法律盲点，研究产生经济纠纷的原因，让律师把工作重点转移到努力为企业提供法律服务上来，并要求律师要从单纯为企业办理经济案件的做法，转到为企业当好常年法律顾问，为企业把好法律关口上来。他认为，为企业当好法律顾问，是一条既治标又治本的措施。对于企业的法律服务需求，他采取主动上门、随叫随到的办法，尽心尽力地做好顾问工作，积极引导律师直接参与企业谈判、审查修改合同、起草法律意见书，使常年需要法律顾问的单位大大减少了经济纠纷，增强了法律意识，让企业逐渐走上了法制管理的轨道。

江晓华的这一思路迅速地为"广东宝晟律师事务所"打开了工作局面，当时惠州市最大的本土企业——TCL 首先找到了他们的律师事务所，委托他们担任其企业的常年法律顾问。紧接着惠州市的大亚湾开发区管委会、石化集团、来银集团等政府及国内有影响的大型企业，以及众多的外资企业、台资企业也纷纷找到江晓华的律师事务所，请他们担任常年法律顾问，提供法律服务，参与合同谈判。

当时，韩国知名企业"三星电子"在惠州投资建厂，要跟日本一家银行贷款 6000 万美金。为征地、建厂，需要江晓华的律师事务所提供法律服务，出具法律意见，证明这家企业是经中国政府批准建立的合法企业，在海关、工商、公安等部门没有违法违规的法律文书。仅这个法律项目，"广东宝晟律师事务所"就获得了一笔非常可观的业务收入。

江晓华和他的律师团队精诚执业、秉承公平公正理念，为社会解决了上千宗经济与民事纠纷案件，在政策和法律的范围内，为当事人挽回了十多亿经济损失，平息化解了群众与政府的民事纠纷，得到了当地党委政府的好评，同时，也使许多企业感到在发展中离不开律师的帮助，离不开法律的保驾护航，让律师在企业发展中的地位明显提升，扩大了律师的社会影响，取得了丰厚的经济效益，为"广东宝晟律师事务所"的发展打下了扎实的经济基础，为推动惠州市经济建设和招商引资做出了较大的贡献。

# 第七章

张举大旗，立改革潮头，诉疑难杂案，促成

国家《关于审理存单纠纷案件的若干规定》

司法解释出台。

广东宝晟律师事务所的名气逐渐传开，在社会上站稳了脚跟。江晓华带领他的律师团队，主动帮助一些企业解决重大的经济纠纷。他认为，一份合同签订是否得当，往往直接关系一家企业的生死存亡，涉及成百上千人的生计；办好一件刑事辩护，挽救的是一个人，解决好一起重大经济合同纠纷，挽救的是一家企业，这对创业者来说是功德无量，对国家来说是造福社会。

广东宝晟律师事务所承揽民事、经济、刑事、法律顾问等业务，本着"坚持信念，精通法律，维护正义，恪守诚信"的办所宗旨，从一开始就在广大求助的群众中产生了良好的影响。除了接待惠州本地的案子，外地的许多单位、企业和个人也纷纷慕名而来，代理的案子接连不断。香港几所知名的律师事务所，听闻惠州成立了一所像他们那样的律师事务所，也纷纷找上门来寻求合作，希望请江晓华的律师事务所来代理他们在内地的有关法律顾问业务。

江晓华还会根据市场的变化，以及行业的需要，调整思路，捕捉机会。在房地产业最兴旺的时候，房地产出现大量烂尾楼和房地纠纷，他就把律师事务所的工作重点、主要业务放在房地产诉讼方面，当金融出现一些乱象，出现危机时，他就会把业务重点放到金融这一块。

有一个外地的公司，到惠州来跟本地某房地产公司合作开发一个房地产项目。惠州某房地产公司提供土地，外地公司提供资金，大家合作准备把房子建起来之后再按协议进行分配。可那段时间恰巧房地产跌入低谷，形势一片萧条，导致他们双方合作的房地产项目没办法进行开发。作为投资方，外地公司便想把投资的钱收回去，意图通过打官司把投入的资金拿回来，在外地立了案。惠州某房地产公司找到江晓华来代理。这种标的上千万的大案件，都是非常难啃的硬骨头，很多律师都不敢轻易接单，可江晓华却毅然接了下来。一审输了，判决合同无效。江晓华马上提出了上诉，二审也输了，法院要求惠州某房地产公司必须返回全部资金。合同书签订时是合法有效的，法院怎么能一再判决说合同无效呢？江晓华觉得法院的判决是理由不充分的，便坚决要求申诉。最后这个案件申诉到最高人民法院。最高人民法院经过审查，觉得一审二审判决确有不当，就把它撤销发回原审法院再审。这个案件经历了一年多的再审时间，再审判决的结果却让江晓华相当意外，他们依然维持了原来的判决。江晓华觉得不可思议，因为最高人民法院撤销的发回再审的案件，就必须按照有错就要纠正的程序去审理。可原审法院却没有纠正，反过来还是继续维持原判。江晓华面对重重阻力，没有退却。他认为，法律应该公正，法律不公正就失去了其存在的意义，而法治是律师追求的理想，作为一名律师就是要敢于辩护，去维护法律的公正。他最后把案件再一次申诉到最高人民法院，强烈要求这个案件要公正地审理，维护社会的公平和正义。

在江晓华不折不挠的坚持下，这个案件由最高人民法院直接提审，最终判决胜诉。这个由最高人民法院作为民事案件提审的案件的判决形式，在当时全国范围内可谓少之又少，在行业内引起了巨大的反响。

在 20 世纪 90 年代初期，银行的储蓄所里面，有一个很大的安全漏洞。一些客户把自己巨额的钱存到银行储蓄所，储蓄所的负责人收到客户的钱后并没有存进银行账户里，而是把客户的钱挪作他用，但其出具的却是盖了银行印章的定期存单，整个储蓄过程也是在银行柜台里面操作完成的。当客户的定期存单到期以后，到银行却无法兑现。那些钱被经办人私自挪用到了其他地方，收不回来了，造成法律纠纷。

1996 年，江晓华代理了惠州市某银行的一系列银行定期存单纠纷案件，案件标的总额 2 亿多元。其中一宗案件就是沈阳某证券公司营业部，为了赚取高额收益，给惠州某银行储蓄所存入 5500 万元，为一年期的整存整取。该储蓄所负责人陈某，利用职务之便，采取以他人名义先存入储蓄所小额款项，窃取相应空白存单后填制了 5 张面额合计 5500 万元的储蓄存单给沈阳某证券营业部，还出具确认收到全部款项、5 张存单属实、表示到期还本付息的函件。

陈某再将套出来的款项挪给他人开发房地产。后来，由于房地产商的资金无法按期回笼，造成存单到期后无法兑付。为此，银行和沈阳某证券营业部将纠纷诉讼至法院。银行认为，沈阳某证券营业部并未将款项转入银行整存整取储蓄账户上，不符合储蓄定期存款的基本特征，虽名为储蓄定期存款，但实无定期存款，请求法院依法确认银行向沈阳某证券营业部出具的5张定期整存整取储蓄存单无效。沈阳某证券营业部则认为银行收讫款项5500万无异议，先后出具5份存单，还出具确认收到全部款项、5张存单属实、表示到期还本付息的函件，故5张存单是合法有效的。至于银行储蓄所工作人员与他人恶意串通违章将大批款项转入房地产公司账户，该违章行为是银行储蓄所工作人员职务行为，由此产生的法律后果应由银行储蓄所承担全部责任。

当时，我国针对银行存单的法律法规并不完善。银行出具了真实存单，钱被其工作人员挪用了，金融部门应该承担什么责任？金融部门的责任人员应该承担什么责任？而作为涉事的客户，又该承担什么责任，该不该承担责任？因为此类定期存款，客户往往都是冲着高收益高回报来的，通过种种的手段赚取了比一般银行规定高许多的利息。在这种无法可依无章可循的情况下，出现这一系列的案件，江晓华作为代理人，其难度可想而知。他唯有运用自己的法律专业知识去攻关。要解决这种新问题新难题，就必须提出合理的解决方案。为维护当事人的合法权益，在无法可依的情况下，江晓华就通过诉讼方式逐级推进，市中级人民法院判决了，双方不服，那就上诉到省高级人民法院去，省高级人民法院还不能解决，就继续将问题递交到最高人民法院去。此案件最终直接促成了1997年最高人民法院《关于审理存单纠纷案件的若干规定》司法解释的出台。一个律师代理的诉讼，竟促成国家出台司法解释，十分罕见，这在全国产生了很大的影响。

江晓华躬身垂范，讲规矩、守底线，心存戒律，依法执业，办理了多宗在全国有重大影响的案件，担任中共惠州市委及大亚湾管委会等党委和政府部门的法律顾问，为当地法治与经济建设做出了很大贡献，先后被评为"全国优秀律师"、惠州市"十佳律师"和"优秀律师事务所主任";荣获"全省律师行业杰出贡献奖"和"惠州市律师行业卓越贡献奖"等奖项;被各媒体评为"和谐中国2010年度优秀先锋人物""第十二届中国时代十大杰出人物"。在他的带领下,到2021年,广东宝晟律师事务所已经发展壮大成为一个拥有80多名律师的专业团队,设有"刑事业务部""公司及行政业务部""金融及保险业务部""房地产及建筑工程业务部""侵权、交通、医疗事故业务部""劳动及人事业务部""婚姻家事业务部""公共与政府法律业务部"等业务部门,承办各类刑事、民事、经济、行政、劳动等诉讼、仲裁案件,知识产权、房地产、证券、企业破产清算、保险等非诉业务以及涉外诉讼业务,办案数量累计上万件;为社会各界提供法律咨询上万人次,同时还为政府、企业以及境内重大投资项目担任专项法律顾问,为外商投资以及向外国银行贷款出具法律意见。

第八章

骁勇善战，敢啃硬骨头，辩护特案大案奇案无数，令业界肃然起敬。

案件是检验律师执业能力的重要杠杆。从业三十多年来，江晓华以善战的勇气、善辩的艺术，一次又一次地维护了人间的道义与法律的公正，展示了出色的辩护才能与刚正不阿的品质，创造了许多经典案例。

## 一宗特大毒品案

1987 年，江晓华接到了一起发生在东莞虎门的特别重大的刑事案件。

广东的东莞虎门，一个一百多年前，中国清朝政府钦差大臣林则徐集中销毁鸦片的地方。据史料记载，从道光十九（1839）年 6 月 3 日至 6 月 25 日当中，林则徐共销毁 2，376，254 斤鸦片。"虎门销烟"在当时不仅从一定程度上遏制了鸦片在中国的泛滥，在民间产生了积极的影响，还大大增加了中国广大民众对鸦片这类毒品危害性的认识。然而在一百多年后的 1987 年，东莞虎门又发生了一件震惊全国的毒品大案。

一个由香港走私毒品集团操控的团伙，通过海运的方式，将一批重达 56 斤的高纯度 4 号海洛因送到东莞虎门。接货人是一个叫谢俊文的年轻人。

谢俊文在提货途中，由于害怕，临阵退缩，便叫他的弟弟代他去取，说是接一个走私品。毒品被打包成一个军人的背包样式，外面还用棉被裹着。毫不知情的谢俊文弟弟接到毒品后，背着往家里走。不料在途中遇到工商部门在截查走私物品。谢俊文弟弟见了稽查人员，虽说不知道背的是毒品，但也清楚肯定是违禁物品，心中发慌，就把背包丢弃路边，一溜烟逃掉了，可不久便被抓获归案。谢俊文闻风而逃，跑到广州海珠区躲避。惶惶不可终日的谢俊文在逃亡中，思想斗争很激烈：投案自首还是亡命天涯？在一个星期天，他犹犹豫豫地来到了一个派出所投案。他当时不敢明说自己是投案自首，只是委婉地说："我有事情要向公安反映。"值班民警听说他有事情要反映，就实行登记，询问他是哪里人，是干什么的？谢俊文告诉他，是东莞虎门人。民警听了，就让他回虎门辖区所在地公安部门去说明情况。谢俊文听从了该民警的意见，回到虎门向公安部门投案。进了拘留所之后，谢俊文不敢供述相关情况，内心非常恐惧，因为香港那边的主犯还没有抓到，这是个致命的威胁，担心把他们供出来了，那些丧心病狂的毒犯会报复他的家人。

这个特别重大的毒品案引起了广东省公安厅的高度重视，专门派出工作小组，反复做他的工作。经过三个月之久的攻心战术，谢俊文思想松动了，慢慢地向公安部门做了交代。

尽管谢俊文投案自首，也如实交代了自己的犯罪事实，但由于这起贩毒案的数量巨大，谢俊文一审被判处死刑……

谢俊文父母亲带着好几个家人来到惠阳区法律顾问处，哭求江晓华为其儿子上诉。江晓华一听说是毒品犯罪，就马上摇头拒绝。他对毒品犯罪行为深恶痛绝。他见过吸毒的人，他们挥霍金钱、摧残身体，还在毒品的折磨下，失去了自我，失去了尊严，给自己和家人以及亲朋好友造成巨大的精神痛苦和钱财损失。这些毒品犯罪分子，就得枪毙，就得杀一儆百。可谢俊文父母亲泪流满面地苦苦哀求，又让江晓华心中十分不忍，想起了自己年迈的父母亲。他仔细地翻阅了谢俊文的案子卷宗，发现谢俊文这案子直接判处死刑不恰当，值得上诉。同时，他也对谢俊文父母亲抱有深深的同情，将一个小孩养育成人不容易，年轻人难免有利欲熏心的时候，应该给他一个改过自新、重新做人的机会，最终，他接受了委托。此案被上诉到了广东省高级人民法院。

江晓华在广东省高级人民法院里找到了法官，向法官递上了厚厚的上诉材料，诚恳地陈述谢俊文的上诉理由。这位法官以冷冷的目光看着年轻的江晓华，仿佛在说："你这个律师好大的胆子，竟敢对一个震惊全国的特大毒品案件提出异议！"江晓华在他冷峻的目光注视下，不慌不忙地陈述着他的观点。法官的脸色随着江晓华的陈述慢慢转晴，他非常诧异这位年轻律师的新颖观点，对他为案件调查了解所做的工夫深为佩服。在这位法官的帮助下，二审很快开庭了。

因这个贩毒案件影响巨大，省里公、检、法系统的相关领导以及惠阳地区各界的代表都来庭审现场参观旁听、学习和观摩。年轻的江晓华刚刚上庭时，见到法庭布置得庄严肃穆，刚开始心中有点紧张，可他记住了父亲江良这个老校长的一句话。在他做民办教师第一天准备走上讲台的时候，他的父亲江良拍拍他的肩膀说："别紧张，无论是教室还是其他的任何场合，你一旦站在台上，台下的都是小白兔，一群可爱的小白兔！"江晓华豁出去了，把法庭里面所有人都当成了小白兔，他很快便平复了心情，进入了辩护的状态。

整个法庭审判程序组织得十分有序，有法官审理、有公诉人支持公诉、有证人出庭作证，有辩护人质证、辩护，道道环节，一应俱全。律师行使辩护权利，向来都不轻松，需要有勇气和胆量，更需要顽强的意志和品质。庭上争论异常激烈，从下午二点半到晚上八点多，大家都在争论，焦点就是：谢俊文算不算投案自首，算不算是立功表现。谢俊文向公安机关检举揭发了那个主要毒品案犯，公诉人的观点是谢俊文行为不构成自首，自首有三个条件：一是投案，二是如实交代，三是接受裁决。他们认为谢俊文没有如实交代，关了几个月都不说，是办案小组不断做工作后才交代的，因此不符合投案自首情节。法官的意见也认为谢俊文走私的毒品数量巨大，社会影响特别恶劣，不判处死刑，无法以儆效尤。公诉人要求二审要维持原判，判处谢俊文死刑！

江晓华作为二审辩护人，根据自己掌握的案情，坚持他的刑事辩护观点：依据我国的法律，一个人自首投案以后，并没有规定要在多长时间内交代犯罪事实，因此，投案人在 1 个小时，1 天，3 个月，或是一年内交代犯罪事实，他都算是"如实交代"范畴。虽说这也是办案小组不断做他思想工作的结果，但整个案件的侦破，主要是依靠他提供的线索，应该给他一个公平的处理。第二个观点是，这起贩毒案的主犯还没有抓到，贸然将他处死，以后就缺少了一个有力的人证……

　　刑事辩护，是律师五项基本业务之一。律师辩护质量的好坏，能彰显律师的形象和品质。

　　刑事案子的开庭审理，一开始便形成了控辩双方尖锐对立的"战场"。控方泰然自若询问被告人，又一一提供证据，证明被告人确实犯了罪。律师则需依据事实和法律，提出证明被告人无罪、罪轻或者要求减轻、免除其刑事责任的材料和意见，维护被告人的合法权益。平心而论，控辩双方力量对比中，辩方是弱者。律师要坚持正确的观点，并不容易，法官采纳律师的意见，也免不了要"打折扣"。有些地区和部门法制观念淡薄，无视律师工作的重要性，对律师存在偏见，仍旧视律师的辩护是与公诉人唱"对台戏"，这显然不利于依法处理刑事犯罪问题，有的甚至把一度存在的对刑事犯罪打击不力的问题，也归罪于律师的辩护，却不知律师认真履行辩护职责，有助于人民法院全面地查明案情，正确地运用法律，从而做出合法的、公正的判决，杜绝冤假错案的发生。

　　江晓华发表辩护意见的时候，法庭上很安静，只听见他的声音在法庭回荡。尤其是旁听的省里公、检、法系统的相关领导，更是全神贯注听他发表意见。江晓华逐渐进入状态，并配合一些手势，语气中也饱含着感情。

　　最终，江晓华在东莞虎门的特大毒品案里提出的辩护观点被法官采纳了，二审将谢俊文改判死缓。

　　谢俊文死里逃生，他一直没有忘记江晓华这个救命恩人，每年都会从监狱里写两三封信给江晓华表示感谢。江晓华也会在百忙当中抽出时间来回复他的来信，勉励他在狱中要好好表现、努力改造，争取早日出狱，重新做人。

## 一个冤错案

　　江晓华从博罗师范学校毕业后，曾在博罗石坝镇当过五年教师。后来他离校从政后，石坝镇的许多群众都还记挂着江晓华，尤其是他教导过的那一大批学生及其家长。在江晓华再转行做律师后，许多石坝镇的人还跟江晓华保持着联系。一天，他的办公室又来了几个石坝镇的村民，要江晓华为他们主持公道。石坝镇的群众但凡有法律方面的需要，江晓华都是有求必应，有问必答，尽自己的能力帮助他们。因为他与这个乡镇有着一份特别的感情。

"江老师，你可一定要帮帮我弟弟呀，他是被冤枉的！"一位五十来岁，自称姓杨的中年男子流着眼泪说道。在他们的心中，江晓华永远是讲坛上的老师。

"杨先生，你先不用着急，慢慢将情况跟我说一下，看看我如何来帮助你。"江晓华给他们每人倒了杯茶。

杨先生喝了几口茶水后，就讲述起他弟弟的遭遇。

石坝镇位于惠州市北部，是博罗、河源、紫金等县市相接地带，也是广东省农牧业最发达的乡镇之一，历史上被称为经济贸易的"金三角"。因交通便利，一些从事农牧业的港商、台商也纷纷到石坝镇来投资。港商郑炳林（化名）就是其中一个。

郑炳林在石坝镇投资建起了一个大型的养猪场。

杨先生告诉江晓华，这个养猪场位于他们村的村东头，占地十多亩，距离村庄不到二百米，气味很浓，夏天的时候更是臭气熏天。"如果是某一段时间是这样也就算了，可我们是长期住在这里的，一直这样，谁能没意见啊？"村民们的意见很大，但反映多次，问题都未解决。杨先生的家离养猪场最近，受到的影响最大，一打开门窗就能闻到阵阵恶臭。杨先生一个在交警队工作的弟弟杨文林（化名）便直接去找养猪场的经营者郑炳林，要他把养猪场搬走，不要这样影响全村人。可郑炳林表示，他们已经按照相关部门的规定，建了污水储存池和堆放场及污水管网等设施，养殖中产生的粪便、污水、尿液等污染物全部进行农业综合利用，不会对周边环境造成污染。"养猪哪能没有一点味道呢？我们也在尽量搞好卫生，减少气味。"郑炳林告诉杨文林，他们投入了几百万资金，已经取得了相关的经营许可证件，养猪场之前一直亏损，这两年刚见效益，也很不容易，"相关部门也找过我们了，需要我们怎么整改我们就怎么改。可要我们搬走，那是不可能的！"郑炳林认为杨文林是无理取闹。

杨文林找了郑炳林几次都未能取得任何成效，养猪场的臭味依然恶臭难闻。杨文林有一次下班回家，被恶臭味熏得忍无可忍，便跑到养猪场里面跟郑炳林吵了起来。此事闹得很大，最后在闻讯而来的村干部劝解下，事情才没有恶化。年轻气盛的杨文林临走的时候气愤地丢下了一句狠话："你不搬走，会有你好看的！"

没过几天，郑炳林离开养猪场准备开车回香港，穿过一片树林时，被两个年轻人拦住了。他们拉开车门就将郑炳林拽了下来，不由分说地拳打脚踢起来。郑炳林被打得住了半个多月的医院。

港商被殴的案件发生后，备受社会关注。县公安部门接到报案后，高度重视，认为此案事关县里的投资环境，必须马上组织警力尽快破案。警方很快就将那两个打人的犯罪嫌疑人肖胜辉（化名）和范东来（化名）抓获。审讯时，肖胜辉和范东来对违法事实供认不讳，还异口同声说是受杨文林的指使，想教训一下郑炳林，让他吃点皮肉之苦，知难而退，撤走他的养猪场。郑炳林也向警方提供线索称杨文林曾经威胁过他，有村干部作证。于是警方便以故意伤害罪，把杨文林给抓捕起来，在审讯中，杨文林承认了曾与伤人犯罪嫌疑人有过联系，可他否认事情是他指使的。

"江老师，我弟弟也是个警察，更懂得知法犯法的严重性，他当时对那个养猪场的老板说出那些威胁性的语言，也只不过是气愤的时候说说而已，又怎么会真的指使他人去殴打他呢！"

"是啊，江老师，我弟弟从小就不惹是生非，他跟别人吵架脸红的都很少，又怎么会做出打人之事？"杨文林的二哥也在旁边焦急地替弟弟辩护。

"对对对，文林他读的书多，知书识礼，按道理他是绝对不会这样做！"其他人也纷纷向江晓华表明自己的看法。

"法律是讲证据不是讲常理的。"江晓华笑道，"我理解你们的心情，我一定会尽我的最大努力去帮助你们处理好这个案子，是非曲直，总会水落石出。"

江晓华先到石坝镇的案发地走了一趟，接着去了某看守所，见到了杨文林。杨文林在看守所里的那副形象着实让江晓华吃了一惊，衣冠不整、披头散发、目光呆滞，像个智力障碍者一样。看来，此事对他的打击非常厉害。

江晓华自我介绍说："我叫江晓华，原来在你们石坝镇的石坝中学教书，是个老师，石坝镇有很多人认识我，不知道你对我有没有印象？"杨文林依然木头一样坐着，一言不发。江晓华继续说："我去了你家，见到了你的父母亲，你的哥哥，还有你的其他家人。父母亲的身体还好，他们让我一定要想办法救你，等你回家……"说到家人，杨文林脸上的表情慢慢有了变化，眼角涌出了两行泪水，开始抽泣。

江晓华明白，有些当事人基于种种原因，在会见的时候排斥律师，拒绝和律师交流。在这种情况下，律师拉近与当事人距离的最佳办法，就是动之以情，让他感受到亲人对他的关心和期待。他经常用这个办法来取得当事人的信任。

江晓华说："我们相信你是被冤枉的。我现在是律师，我会尽最大的努力帮助你得到一个公平的判决。"

杨文林抱着头大声哭了起来："这个事情真的与我无关啊，可他们都不相信我，非说是我干的，我现在名誉没了，工作也没了，前途也毁了，我这是前辈子造了什么孽啊！"

等他渐渐地平静下来，江晓华说："真相总会大白的，事情没有你想得那么糟糕，你是你们家最有出息的人，是家里的顶梁柱，不能垮，我会跟你一起解决这个问题。"

杨文林抬起头，问道："江律师，你真的能帮我洗刷冤情？所里的人都说我至少要判个三到五年。"

江晓华笑了，说道："他们又不是法官，别听他们胡说八道。你好好配合我的工作，不会有什么事的。"

杨文林如释重负，终于露出了笑脸。趁着他心情好转，江晓华突然快速问道："人到底是不是你叫人打的？"

杨文林坚决地回答："不是！"没有丝毫犹豫。

"好！"江晓华结束了他的会见。有杨文林这个表态就可以了。至少能够说明，杨文林直到现在，都没有供认自己指使他人行凶。

从公安机关里获取的信息和资料来看，侦查机关现在除了被害者和打人者的口供外，也没有其他的有力证据。于是，江晓华便将这个案件从头到尾进行细细地分析。江晓华一直认为，只要律师认真、细心，任何一个刑事案件都能找到突破口，因此，他受理每一个案件，都非常关注细节。每一件事情都是由细节构成的，有些细节却经常容易被人忽视。律师在办案中的工作任务之一，就是发现问题。警察也是普通人，也会有失误，也会在不经意中忽视掉一些细节。而这些失误，正是律师辩护的角度，很多时候，一个有利的细节可以起到"一招制敌"的效果，从而奠定胜利的基础。

没多久，江晓华便在细节上发现了一个特别关键的问题——杨文林与伤人犯罪嫌疑人联系时的通话时间。

江晓华调取了杨文林在案件发生前的手机通话清单，又查看了打人者的通话清单。一对比，终于找到了案件的突破口，打人者确实是与杨文林有过电话联系，可这个通话记录显示的时间却是在受害者被殴打报警之后。而案发之前一个月内，杨文林与伤人犯罪嫌疑人都没有任何的通话记录。根据公安机关调查的情况，杨文林是通过电话指使那两个犯罪嫌疑人去打人的。这样，杨文林指使打人的指控就不能成立。

杨文林在案发之前是与港商郑炳林有过口角之争，冲动之下也曾说过一些威胁性质的语言。虽然凭口供和证人也可以定罪，但是口供是建立在其他扎实证据基础之上。在这一起案件里面，除了口角之争外，没有任何其他有力证据证明杨文林指使打人。江晓华猜测，打人者肖胜辉和范东来与杨文林是同村人，并且他们家与杨文林家距离不远，肯定也深受郑炳林养猪场的恶臭之苦，心生怨恨，联合起来教训了郑炳林，案发后，就故意给杨文林打电话，说已经替他教训了那个港商，想以此达到减轻罪名的目的。

江晓华细心地深入调查，从电信部门中提取出港商郑炳林的打电话报案的时间，以及杨文林和伤人犯罪嫌疑人的通话时间，及时向检察院提出异议，经检察院核实后，作出了不起诉的决定，并释放了杨文林。这件事情在群众中引起了很大反响，大家对江晓华律师体察入微的调查工作精神深感敬佩。

不管大案小案、复杂的案简单的案，江晓华始终都认真细致地经办，切实维护当事人的合法利益，提供优质服务，保证办案质量。

## 一起暴力讨债案

年关岁末，讨债清债忙。

当"欠债还钱天经地义"的思想碰到不诚信或恶意拖欠的行为时，简单的债权债务关系会被恶化升级为暴力讨债、入室逼债、堵门要债、偷财抵债、非法拘禁……

一家聘请江晓华担任法律顾问的农牧公司，其负责人杨定安（化名）为了发展业务，向一个私人老板借了一笔钱来扩大经营，因台风天气影响，一处养鸡场被突发的洪水淹没了，一大批刚要上市的肉鸡被淹死，资金无法及时回笼来偿还借款。债务到期后，借款人就带了二十多人上门来以"欠工人工资"的名义追债。当地政府、派出所都安排了人员来协调。杨定安急忙向江晓华求助。江晓华问他："你是否真的拖欠他们工资？"杨定安告诉他实情就是借贷纠纷。

江晓华说："既然不是拖欠工资，那他们就不能以讨薪的名义来要钱，更不能召集人员来胁迫债务人。"他建议杨定安要先跟对方协调，并且要跟政府说清楚，这不是欠薪行为，只是普通的经济债务纠纷。

杨定安按江晓华的指点做了工作，但那债权人不同意，第二天找来一辆大卡车，拦住了公司的大门，不让进出，还让十几个社会人员强行进入公司办公室坐等、追逐拦截，故意扰乱工作秩序，威胁杨定安还钱，严重影响公司的生产和经营。江晓华在电话中提示他，一定要留下他们不当行为的证据。到了第三天，债权人将暴力手段升级，叫了一部泥头车拉来一车泥土，把公司的大门给彻底地封堵了起来。

杨定安打电话给江晓华："该怎么办？"江晓华在电话里说道："你们千万不要跟他们对着干。他们做出这种行为，就证明他们不讲道理不懂法，已经触碰到了法律底线。"

江晓华在电话里给杨定安分析说，对方这种是典型的"软暴力讨债"。讨债人使用软暴力是违法的。《关于办理黑恶势力犯罪案件若干问题的指导意见》，明确指出要依法惩处利用"软暴力"实施的犯罪，即黑恶势力为谋取不法利益或形成非法影响，有组织地采用滋扰、纠缠、哄闹、聚众造势等手段侵犯人身权利、财产权利，破坏经济秩序、社会秩序，构成犯罪的行为。其"意见"第九条，黑社会性质组织实施的违法犯罪活动包括非暴力性的违法犯罪活动，但暴力或以暴力相威胁始终是黑社会性质组织实施违法犯罪活动的基本手段，并随时可能付诸实施。暴力、威胁色彩虽不明显，但实际是以组织的势力、影响和犯罪能力为依托，以暴力、威胁的现实可能性为基础，足以使他人产生恐惧、恐慌进而形成心理强制或者足以影响、限制人身自由、危及人身财产安全或者影响正常生产、工作、生活的手段，属于《刑法》第二百九十四条第五款第（三）项中的"其他手段"，包括但不限于所谓的"谈判""协商""调解"以及滋扰、纠缠、哄闹、聚众造势等手段。

杨定安听了江晓华的解析，按照他的指点，留下了对方的犯罪证据，然后拨打"扫黑除恶"电话，反映自己公司遭遇"暴力讨债，影响企业正常运作"情况。警方很快就将闹事的带头人给抓捕起来。

"随着经济社会发展，各类债务纠纷层出不穷。债务人拒不偿还债务的行为理应遭到谴责，债权人索要具有正当性。面对纠纷，债权人要理性维权，通过协商、调解、诉讼等合法手段维护自身利益，违法索取债务不仅可能要承担刑事责任，还可能承担损害赔偿的民事责任。"江晓华事后了解到当事的债务人和债权人原先还是两个关系不错的朋友，如今为了钱而撕裂了友情，令人感到惋惜。他让杨定安本着解决问题的思路，不要去激发矛盾，把双方请到了谈判桌前，妥善地处理好了这起债务纠纷。

## 一个贪污案

城市在生长，在发展，在发生历史性的巨变。随着城镇化建设的不断推进，拆迁已经遍及全国，许多的土地和房屋不是正在被征收拆迁，就是在被征收拆迁的路上。在一些规划的新道路和经济新区中，就有个别人翻云覆雨，通过一系列手法，获取到最新拆迁信息，抢种农作物，抢修加盖房屋，抢手买下拆迁范围内的房子、商铺，然后坐等政府拆迁补偿。

江晓华就代理了一个与"拆迁"有关的"贪污案"。

这起案件的委托人叫李智敏（化名）。李智敏是安徽安庆人，虽然只有小学文化程度，却头脑灵活，早早便离家到广东深圳来打工，数年后，不仅在深圳安家落户，还有了一笔积蓄。不甘一辈子给人打工的李智敏，寻思着自己创业。他妻子刚开始时建议养猪，因为在他们家附近有多间工厂，可回收潲水来养猪。李智敏几经考量，觉得养猪风险太大。他忽然想到自己的父亲懂得一点养鸽技术，在老家小规模地养了几十只鸽子，并向父亲讨教养鸽经验技术，并多次深入市场探询肉鸽销售情况，通过反复思考，决定与妻子一起饲养肉鸽。

李智敏有不少朋友在深圳做生意，朋友们知道他要在深圳发展养鸽产业，热心帮他在深圳联系了好几个养殖专业户，还带他去参观学习并联系销售。

有了清晰的发展路子，李智敏养鸽的信心更足了，在深圳市某区一个畜牧基地租了一块地，建鸽舍、买种鸽、请技术员到养殖场现场指导，办起了一个小规模的鸽子厂。他夫妻两人能吃苦耐劳，天天起早贪黑，凡事亲力亲为，养的鸽子不但个大、肥嫩，烧熟后还有一种特别的香味，鸽子慢慢地开始供不应求，实现盈利。

原本，李智敏跟妻子安安分分地养殖鸽子，虽然辛苦，但持之以恒，也定能发家致富。可平静的生活不久便被打破了。2005 年 5 月份，他在深圳的一个朋友凌仕祥(化名)找到他，说收到消息，他养鸽场所在的畜牧基地要拆迁。

李智敏听说畜牧基地要拆迁，十分焦急："我这鸽厂好不容易才有点起色，却要被拆迁了，这如何是好呀？"凌仕祥见到他急得额头直冒汗水，不禁哈哈大笑起来，说道："看把你急的，你这是发财的机会到了，到时你这鸽厂一拆迁，光补偿款就可以让你后半辈子衣食无忧。"

"真的？"李智敏疑惑地问道。

"我们多年朋友，怎么会骗你呢？"凌仕祥解释道，"我有一个在国土部门工作的朋友，对于拆迁的事情消息很灵通，他说因市政府规划中的一条大道建设需要穿过这个畜牧基地。到时你这里一旦拆迁，政府至少也会补偿你一两百万元。"

一两百万元？这个金额对来自农村的李智敏来说，无疑是一笔巨款。他兴奋地说道："如果真能拿到那么多钱，就真是太好了。"

"我还有一个办法，可以让你拿到更多的补偿款，不知道你愿不愿跟我一起合作？"凌仕祥说道。

"可以啊，只要能拿到更多的钱，我肯定愿意合作。"李智敏痛快地说道。

"是这样的，我有一个朋友，他在深汕高速旁的花木已经被政府征收补偿过了，留着也没有用，我想把这些花木移到你的鸽厂来种，到时候征收补偿时，我们两个一人一半。"凌仕祥说道。

李智敏当即表示同意。他们两人很快就将那批花木移植到了鸽子厂里面。

事隔不久，凌仕祥又带来了一个人，告诉李智敏，这就是他说的那个能提前了解拆迁内幕的人张强（化名）。

从交谈中，李智敏得知张强是深圳市某新区的管理委员会建设管理服务中心副主任，曾任某管委会征地办副主任，知道市土地储备中心计划整体收购李智敏所在的畜牧基地。张强考虑到以后拆迁肯定会有巨额的征地补偿款，就想与李智敏、凌仕祥在畜牧基地租一块园地，合伙兴建一个"鸽子农庄"，以后可以利用该农庄获取一笔补偿款。

李智敏考虑到凌仕祥是本地人，张强又是搞拆迁工作的政府官员，合伙建这个农庄既可以得到征地补偿，赚多一大笔补偿款，同时自己鸽厂的鸽子也能增加销路，一举两得，不假思索便同意了。而凌仕祥更是乐见其成。

他们三人商定共同出资建立"鸽子农庄"，为多拿补偿款，决定采取钢筋水泥结构建房，而且要尽量建得好一点，等拿到补偿款以后，除去成本后一人一份。

在政府部门工作的张强，人脉宽广，在他的协调下，顺利地从畜牧基地租到了一块地。凌仕祥负责找执法大队的相关人员疏通关系建房和办理营业执照等证件，李智敏则负责在现场监督施工。

2007 年 7 月末，"鸽子农庄"正式开张。开张之后三个月左右，相关征地拆迁工作便开始进行了。

按规定，鸽子农庄没有合法的报建手续，同时在畜牧生产用地上建酒店是违法建筑，是不能获得补偿的，可经张强一番运作后，就纳入了拆迁补偿范围里面。后来因为市国土规划部门进行机构改革，所以市土地储备中心收购畜牧基地的事情就暂停了。2009 年 7 月，某新区管委会决定由自己来收购畜牧基地，并安排张强负责该地的征地拆迁补偿工作。畜牧基地负责人庞胜（化名）找到张强，提出畜牧基地至少要 1.1 个亿的补偿，希望张强能够利用其在征地办工作的关系尽快完成征收补偿项目，并表示事成之后会表示感谢。张强提出需要450 万元人民币的活动经费，庞胜同意了，表示在征地补偿款到位后会兑现支付。

在利益的驱使下，张强积极运作畜牧基地的征收补偿工作。在他的推动下，该项目快速顺利地完成调研、测绘、评估、复核、谈判协商、审计等过程。2009 年 9 月，畜牧基地与某新区管理委员会达成了补偿协议，补偿款为 1.39 亿元。这个数目大大超出了畜牧基地的预期，庞胜非常满意，拿到补偿款后和凌仕祥签了关于鸽子农庄的补偿协议，支付给凌仕祥 960 万元作为鸽子农庄的补偿款，其中有 200 万元是庞胜送给张强的好处费。

李智敏的鸽子厂获得了 570 万元的补偿，作为鸽子农庄的股东，他又另外分到了 230 万元的补偿款。凌仕祥也分到了 230 万元。而张强因为在整个征地补偿中出的力最多，则分到了 300 万元。由于张强是公职人员，不方便直接拿钱，凌仕祥便要把 300 万补偿款连同庞胜送 200 万元一并转给了李智敏，让他转交给张强。李智敏想到张强是自己的合伙人，又是政府官员，不敢得罪，便同意帮张强转这笔钱。在他收到补偿款的第二天，张强便指使他的弟弟张青（化名）分几次将 500 万元拿走了。

然而，纸是包不住火的，张强利用职务上的便利掌握畜牧基地要补征地拆迁，为得到拆迁补偿款满足自己利益入股鸽子农庄，将国家资产据为己有的违法犯罪行为很快就暴露了。2010 年 6 月，张强因涉嫌贪污、受贿被刑事拘留。陈智敏和凌仕祥迫于压力，不久相继投案自首，并主动交代知晓的案情。公诉机关以张强、李智敏、凌仕祥无视国法，利用张强国家工作人员职务上的便利，共同骗取国家补偿款 700 多万元，构成贪污罪提起公诉。

李智敏的家人焦急万分，辗转找到了江晓华，委托他作为李智敏涉嫌贪污罪一案的辩护人。

江晓华接受委托后，马上查阅了案件的相关卷宗，对李智敏的案件进行法律分析。分析的结果是：李智敏不构成贪污犯罪。他向检察机关提出了自己的分析意见：

贪污罪是指国家工作人员和受国家机关、国有公司、企业、事业单位、人民团体委托管理、经营国有财产的人员，利用职务便利，侵吞、窃取、骗取或以其他手段非法占有公共财物的行为。

一、被告人李智敏与被告人张强之间不存在共同贪污的主观故意。

1、作为共同犯，犯罪人之间，应当存在共同犯罪的故意，然而本案中被告人李智敏与被告人张强之间不存在共同贪污的故意，被告人李智敏租赁畜牧基地兴建"鸽子农庄"，是根据被告人张强因其职业推断出畜牧基地会被征收的消息而做出的一种投机行为。之所以说被告人李智敏的行为是一种投机，首先，本案被告人李智敏有租赁土地兴建农庄的投资行为。贪污罪的一个显著共性，即案犯完全是用职权行为谋取利益，根本不存在自投资金的行为。也许其投机行为或有不当，但是依据我国的法律、法规，并不构成犯罪，真金白银的投资与利用职权获取非法利益，这里有本质的区别。其次，该宗土地是否被征收存在不确定性，如果不被征收，那么被告人李智敏将发生重大亏损，而一旦被征收，他们就可以获得较大利润。被告人李智敏也十分清楚该行为的风险性。在土地储蓄中心停止收购后，被告人李智敏就再没有过问征地事宜。所以，被告人李智敏对于是否能够获得土地补偿款是一种放弃的态度，即获得土地补偿款不违背自己的意志，没有取得土地补偿款也不违背自己的意志。因此，被告人在主观上是一种间接故意而非直接故意，这点不符合贪污犯罪的主观构成要件。

2、被告人李智敏与被告人张强之间就某区管委会征收项目不存在共同商议。虽然被告人李智敏与张强曾经兴建农庄获得土地补偿款进行协商，但是这次协商是针对土地储蓄中心收购项目进行的。由于机构改革，土地储蓄中心停止该收购行为之后，被告人李智敏便没有过问征地事情。2009年某区管委会决定征收畜牧基地。在征收过程中，被告人张强之所以积极运作，不是为了被告人李智敏的"鸽子农庄"，而是为了获得畜牧基地答应给予的好处费，所以在此次征收中，被告人张强根本未与被告人李智敏进行协商。

当然这中间存在着一个问题，就是公诉机关认为"鸽子农庄"是违法建筑问题，不应当获得补偿。虽然法律有规定违法建筑不给予补偿，但是在实际操作中地方政府对于违法建筑有时会出台特别政策，使其合法化予以缓解矛盾冲突，特别是土地征收过程中出现的矛盾，这正是被告人李智敏看到的投机牟利契机。另外，虽然"鸽子农庄"没有报建，但是也没有相关部门认定为违法建筑要求拆除。

综上所述，被告人李智敏租地兴建农庄是一种风险投机行为，其主观就是为了谋取利益，而以"牟利为目的"不符合我国刑法中贪污罪的构成要件。

二、被告人李智敏没有实施欺骗行为，在某区管委会征收土地过程中，被告人李智敏没有向测绘大队、评估公司等机构提供或者虚构任何事实以骗取土地补偿款，整个征地过程均是由畜牧基地与某区管委会进行洽谈协商的，最终补偿款也是支付给畜牧基地。

三、本案的犯罪客体及被告人李智敏取得的所谓土地补偿款，实际上是被告人李智敏依据其与畜牧基地签订的租地合同而取得的补偿，不属于国有财产。

本案中，某区管委会是对畜牧基地进行整体征收，因此征收的对象是畜牧基地，事实上也是由某区管委会与畜牧基地签订《补偿协议书》，土地补偿款全部支付给畜牧基地，畜牧基地为了尽快履行与政府签订的合同，让租户搬迁，与租户达成补偿协议。而被告人李智敏作为租户之一，与畜牧基地签订搬迁补偿协议书，由畜牧基地支付相关费用，由此可见，被告人李智敏取得的款项是基于民事合同，而非政府的征收行为。如果有损失也只是畜牧基地的损失，而非国家损失。

四、被告人张强的行为方式与手段不符合贪污犯罪构成的客观要件。

1、贪污犯罪在客观方面表现为"利用职务之便，以侵吞、窃取、骗取或以其他方式非法占有国有财产的行为"，就是说贪污犯罪行为的前提条件是"利用职务之便"，行为的基本方式是侵吞、窃取、骗取，行为的基本性质是"非法"。

根据《最高人民检察院关于人民检察院直接受理立案侦查案件立案标准》

的规定: "利用职务上的便利是指利用职务上主管、经营、经手公共财物的权力及方便条件",这里的利用职务之便是指必须直接利用职务上的便利条件,而不包括利用其权力和地位所形成的影响而达到非法占有公共财物的情形。本案中,虽然被告人张强负责土地征收工作,但是只是起协调作用,具体测绘、清点、评估等工作是由政府专门部门负责,征地补偿款的审批、管理和发放等工作并不是由被告人张强负责。因此,对征地补偿费的发放,是被告人张强职权范围之外的事,他没有决定权和处分权,也等于排除了被告人"利用职务之便"这一定性之说。

2、至于行为的基本方式,就贪污犯罪而言,行为人通常所采用的犯罪方式是:利用主管、管理、保管、经手财物的便利条件,通过侵吞、窃取、骗取等手段,将管理的财物据为己有。贪污犯罪一般是具有隐蔽性。而本案中各项征地工作在程序上均是公开的,本案被告人张强没有采取骗取方式来占有土地补偿款。所以被告人张强的行为不符合贪污犯罪的构成要求,不应当认定为贪污犯罪。

综上所述,本案被告人李智敏在主观上没有非法占有的主观故意,其只是希望通过投机行为牟取利益,是否获利存在不确定性。同时,被告人李智敏依据合法的民事合同,从畜牧基地取得补偿,不存在公诉机关所谓的骗取事实,因此被告人李智敏的行为不符合我国刑法规定的贪污犯罪构成要件。政府部门将违法建筑纳入补偿范围,是政府部门玩忽职守所致,不能因政府部门的过错导致损失而由被告人李智敏来承担。

还有,在侦查过程中,检察院承诺如果李智敏投案自首,主动交代张强的犯罪事实,已认定张强构成犯罪,并不会追究其刑事责任,因此李智敏已投案自首,并主动交代知晓的全部案情,但是现公诉机关却以李智敏构成贪污罪提起公诉。检察机关对自己的承诺出尔反尔,这种言而无信的现象对公众产生的消极影响不可低估,如果检察机关作出的承诺无法兑现,下次再承诺,还能取信于人吗?如果这样的行为不能受到强烈谴责,则会有更多人进行效仿，最终导致社会整体诚信度下降，贻害无穷。故恳请检察院履行对李智敏免予起诉的承诺。

江晓华的辩护意见有理有据，最后检察院予以采信，遂作出撤诉处理，决定对李智敏免予起诉。

这是一个非常完美结果。在江晓华看来，律师是一份智慧型的职业，没有过硬的理论水平、实战能力及独到的调查和判断，没有对真理的深度还原与挖掘，就容易出现"失之毫厘，谬以千里"的结局。因此，以事实为依据，以法律为准绳，智助当事人维护正当权益，是他孜孜以求的目标。

# 一件强奸案

2006 年 6 月的一天上午，广东宝晟律师事务所来了一位身材瘦小、满脸泪水，红肿着双眼的妇女，诉说其丈夫涉嫌强奸罪被公安机关刑事拘留，想请律师为其丈夫进行刑事辩护。江晓华将此妇女迎进办公室，拿出一个大玻璃杯倒了半杯茶，然后再倒进半杯凉开水，递到了她手上："先喝杯茶，再慢慢说一说情况，看看我们如何来帮你？"

妇人端起那杯温度适中的茶，一口气喝了个底朝天，心情才逐渐平复下来，打开了她的话匣子。妇人放下杯子，自我介绍说她叫曾红梅（化名），是惠州市惠城区的居民，住在桥西街道办事处辖区。通过曾红梅的陈述，江晓华初步得知，涉事犯罪嫌疑人卢胜辉（化名）是司机，与弱智女子闻芳（化名）去开房。闻芳的父亲得知情况后，便带女儿到派出所报案，说卢胜辉强奸其女儿。江晓华了解至此，心底就初步感觉到此案的关键点在于闻芳是否年满16 周岁，事前是否彼此认识，她的精神状况及有无性防御能力，而犯罪嫌疑人卢胜辉与闻芳开了房，有没有发生性关系，是否使用暴力强迫、威胁等情形。

丈夫与他人开房，还被公安部门以强奸罪名拘留起来，这样充满耻辱的事儿摆在哪个女人身上都会伤心欲绝。江晓华不能确定又伤心又气愤的曾红梅讲述的案情是否真实、客观、全面，与她办理完委托手续后的第二天，便去相关部门查阅和了解案件的诉讼文书和技术性鉴定材料。面对检察机关向人民法院移送的主要证据复印件和相关材料，江晓华将几份有关受害人、相关涉案人员及犯罪嫌疑人的"询问笔录"摆在面前，希望能从中找寻到有利于犯罪嫌疑人的线索，尽可能查找证明其无罪、罪轻等方面的证据。

江晓华首先查阅了受害人闻芳的第一份《询问笔录》。

问：你因何事而来派出所

答：因为我被人强奸之事，现来派出所反映情况的。

问：你在何时、何地被人强奸？

答：我是在今年5月16日凌晨的4时许，在鹅岭北路中心医院旁边的一个旅业六楼的608房被人强奸的。

问：强奸你的人有何特征？

答：强奸我的人年纪大概在30至40岁左右，身高大概在1.70米左右，剪着平头装，竖起来的，讲普通话的，其他的就没有什么印象了。

问：你和他是否认识？

答：不相识。

问：那他是怎么强奸你的？你把事情的经过讲一遍？

答：事情的经过是这样的，我是在5月15日的晚上20时左右坐公交车到东平。坐到东平后，那个司机就把车放在长湖苑的汽车总站里，然后就带我去吃面，具体去什么地方吃我不清楚，吃完面后他就带我去看别人打麻将，具体去什么地方我也不清楚，好像是汽车总站走过一点儿的地方，当时有很多人的。在看打麻将打到16日凌晨3时左右，他就带我去鹅岭北路开房。开好房后，我洗了澡，他也洗了澡。洗了澡之后，他就把我的衣服脱了，当时我还拼命喊救命。可是没有人来理我，接着我就被硬拉来做爱了，当时做爱做了大约有一个小时左右。

问：当时那个人强奸你有没有戴避孕套？

答：没有。

问：当时做爱时那个强奸你的人有没有射精？

答：我感觉不到、不清楚。

问：你被那个男的强奸后有没有洗过澡？

答：没有。

问：做爱做了有一个小时后接着的事情是怎样的？

答：我被他强奸后他也没再做什么事，我也没做什么事，接着就在床上睡觉了，一直睡到今天早上的 7 时左右，那个强奸我的男子就自己坐车走了，他是坐出租车走的，具体是什么车牌号我不清楚，那个男的他坐出租车走后，我自己就走路去渡口站的 8 路车站，接着我就在渡口站的 8 路车站坐车到东湖花园的 6 号小区，接着我就在东湖花园的 6 号小区被我的舅舅找到了。

问：你被强奸后有没有冲洗过？

答：没有

问：你有没有换过内裤和衣服？

答：没有

问：开公交车车牌号码粤 L XXXXX 的司机是否就是强奸你的人呢？

答：是的。

……

江晓华看完了闻芳的第一次《询问笔录》，心里紧了一下，因为被害人在询问中说自己有挣扎与喊救命，在第二次询问中，也有同样的表述，但在第三次询问里却回答被告没有对其使用强迫手段。这是一个关键点。他又翻看受害者闻芳的《司法精神病学鉴定书》，这也是此案的一个重要的关键点。根据《司法精神病学鉴定书》的诊断结论显示，闻芳只是"轻度精神发育迟滞"，智能上存在一定缺陷，对性侵犯及其严重后果具备部分实质性理解能力，评定其具备部分性防卫能力。另外，这份鉴定书里面反映出来的案情跟闻芳做的笔录也差不多，这对犯罪嫌疑人来说，是比较有利的。

江晓华接着翻看了旅店服务员的笔录复印件。

……

问：你于5月16日的凌晨零时16日上午8时有没有在飞鹅旅店上班？

答：我是5月15日19时30分至16日8时在飞鹅旅店值班的。

问：你在飞鹅旅店值班时负责什么工作？

答：主要是负责开房登记和检查退房的房内安全工作。

问：你在值班时，608号房什么时候开始住客的？

答：是5月16日凌晨4时30分左右开出去的。

问：那608号房当时住的是什么人？

答：住进去的只有一男一女，是我开房和开房门给他们进去的。

问：是谁出示身份证登记房的？

答：是一个男子跟我说要开房的，但他说他身上没有身份证，而且还说只睡至凌晨6时30分退房的，当时还有一个保安员也在场，因为我当时认为他住的时间不长，我就只好开给他们住了。

问：多少钱开的房？

答：七十块给他开的，但交多三十块钱作住房押金，共交了一百块钱给我，那登记单上的名字是他自己签名的。

问：他说他身上没有带身份证时还对你讲过什么话？

答：我当时对他说没有身份证登记是不能办理住宿的，后来他对我说：这没什么太大关系的，我住的时间也不长，我刚从外面打麻将结束还输了两千多人民币，你就给我住进去吧？他跟我讲话的时候我还闻到他满身酒气，我想他应该喝了酒。

问：那女子是不是他带来的？

答：是的，那男子在跟我说话时，那女子站在服务台旁边，她有讲话，但很小声，我听不到她讲什么。

问：他们两个人进去608号房住下后，你有没有回到过608号房？

答：我开房给他们住后，他们要开水喝，所以我在二楼提了一瓶开水给他们，这时那女子跟我说："怎么这冲凉水不热的，我想洗澡都不够热。"我说这么晚了，那些开水已经凉了，你放水放久一点可能会慢慢变热。

问：他们退房时是谁办理的？

答：他们退房时是我们在下面值班的保安员办理的，而我当时在608号房检查房内安全工作。

问：请你描述，住608房那两个人的相貌特征？

答：那个女的我没有认真留意。那男的年龄30多岁，身高约1.65米，留短碎发发型，身材中等，圆脸，当时他的穿着我没太注意，他跟我说话时操的是不太正宗的惠州话。

问：他们是什么时候退房的？

答：是5月16日凌晨6时30分左右退房的。

问：他们跟你说要退房时，那女子的神态表情是怎样的？

答：没有什么特征变化，我当时看见她是在那男子身边离开608房下去的。

问：他们两个人有没有拥抱着下来办理退房手续？

答：没有。

问：你还有什么要补充的？

答：没有。

问：你以上讲的是否属实？

答：属实。

……

看了相关卷宗，江晓华决定跟卢胜辉见一面，再核实一下有关情况。

在看守所里，江晓华对卢胜辉说道："我是江晓华律师，按法律规定的权利与义务，你应如实回答提问，否则应承担相应的法律责任，你听清楚了吗？"

卢胜辉神情憔悴，低声回答："听清楚了。"

"我担任你涉嫌犯有强奸罪的第一审辩护人，你是否同意？"

"我同意。"

在做了例行的问话后，江晓华单刀直入，紧盯着卢胜辉的眼睛，问道："你对检察机关起诉书的指控罪名及事实有何意见？"

卢胜辉回避着江晓华的眼神，轻声地说道："有意见。我没有实施强奸行为。事实上有些出入，她要跟着我，给钱她才肯走。"

"你与闻芳是什么时候认识的？关系怎么样？在事发当天，她坐你驾驶的车辆有多少时间？"

卢胜辉回忆说："在事发前几个月，她就开始乘坐我开的车，属于一般乘客关系。事发当天，她从中午一点多就坐上了我的车，直到我下班共七八个小时，她一直在车上就是不肯下来。"

"你再确认到底有没有强奸闻芳？"

"确实没有。"

"为什么在她的卫生巾上有你的精斑？"

卢胜辉把头低了下去，支支吾吾小声地说道："那是我自慰后，把纸巾丢到垃圾桶中，可能沾到了她扔在垃圾桶上的卫生巾，所以才有可能出现这种情况。"

"闻芳个人有智力问题你清楚吗？"

"不清楚，她的讲话很清楚，不像个智力有问题的人。"

"你有没有对她实施暴力或胁迫手段？"

"没有。"

"既然你没有强奸她，那她为什么会指控你呢？"

"听人家说，她认为我是她的男朋友，所以她一直跟着我，当遭到我的拒绝后她才使用这种手段陷害我。"

"在公安侦查阶段和起诉阶段，你有没有承认有强奸闻芳的行为？"

"没有，从来没有。"

"还有什么要补充的？如没有请签名。"

"好的"

……

经过综合分析，江晓华心中有了一个清晰的辩护思路，很快就起草了一份《辩护词》。

在一审的法庭上，江晓华发表了他的辩护意见：公诉机关指控被告人卢胜辉犯强奸罪证据不足。

首先，指控被告人采用暴力手段强奸的证据不足。我们知道，所谓强奸罪，是指行为人使用暴力、胁迫以及其他手段，违背妇女的意志强行与其性交的行为，所谓暴力手段，是指行为人直接对被害妇女采用殴打、捆绑、卡脖子等危害人身安全或人身自由，使妇女不能抗拒的手段。然而在本案中，除了被害人的仅有一次陈述说把她的手按倒脱光她的衣服并呼喊救命没人理外，公诉机关无任何证明被告人有使用暴力手段违背妇女意志强行发生性关系的证据。即使被害人陈述有所谓的"暴力"行为，也只是被害人的父母强迫其这样交代的，因为这些陈述均是在"事发"几天以后讲的。值得注意的是，被害人在司法精神病学鉴定中进行体格检查、神经系统检查、精神检查的提问时说"他搭着我的肩步行去开房时，我就知道他要强暴我了"，问到"之后有没呼救和逃走或被告人有没打时"回答"均没有"。另外，公安机关在补充侦查报告书中也证明没有使用暴力的胁迫手段的证据。整个过程均没有使用暴力，而是非常自愿。整个案件有被害人的陈述而无其他能够形成完整锁链的证据，被告人也一直未承认有强奸的事实，因此该被害人陈述属于孤证。根据我国《刑事诉讼法》第46条的规定，公诉机关的这一指控显然证据不足。

其次，被告人主观上无强奸他人的犯罪故意。从本案事实来看，被害人从5月15日下午3:00左右就上了被告人的车，且一直跟着被告人，就连被告人下班交班、吃晚饭、打麻将等被害人也不愿离开并紧跟被告人，被告人曾多次叫被害人回家，但被害人就是不肯，这一事实不仅被告人有供述，被害人也亲口予以承认,直到晚上凌晨三四点钟仍不愿回家并要求被告人开房住。开房后被告人也仅是看电视而没有采取其他强迫行为。从以上过程可以看出,若被告人具有强奸他人的故意,其有很多机会实施,但事实上被告人均没有利用这些机会去实施犯罪行为。其开房住是因为被害人不愿回家且打完麻将后已至深夜不够安全,被害人也愿意去开房,因此被告人开房的目的不是实施犯罪行为,而是出于无奈的好心收留行为。

再次,被害人是具有性防卫能力的妇女,其对去开房住宿具有明显的预见性。被害人即将成年,对世事具有一定的认识,虽然经鉴定为轻度发育迟滞或具有残疾证明,但其对自己的行为仍具有辨认能力,发育迟滞并不属于精神病人,其仅是在智力上和理解力上比一般人稍差,同样在回答鉴定人员的提问时说"他搭着我的肩步行去开房时,我就知道他要强暴我了"。由此可见,被害人对自己自愿跟着去开房及开房后会有什么后果具有明显的预见能力和防卫能力,因此被害人即使是轻度发育迟滞的人也不属于不能辨认自己行为的智力或精神残疾的妇女,因而被告人的行为同样也不具备强奸罪的客观要件。退一步说,即使如鉴定所确认的在被害人使用的卫生巾上有被告人的精液成分,也不能认定其是违背妇女意志的强奸,再说,该鉴定的检验成分也不是直接从被害人体内提取的,而是从卫生巾上由提取的,卫生巾上有精斑不能排除被告人经过手淫方式而不小心沾到。如前所述,被害人对去开房具有明显的预见能力,且如其所述"做爱做了一个多小时",如果被害人不是自愿的配合,被告人能成功吗?对此,公安部门鉴定出被害人使用的卫生巾上具有精斑成分就不足为奇了。

综合以上事实,被告人无论是主观上还是客观要件上均不符合强奸罪的特征,且公诉机关的指控所提供的证据不能证明被告人有使用暴力和违背妇女意志的行为,也不能形成完整的证据链条。根据我国刑法疑罪从无的原则,辩护人请求法院对被告人作出公正公平的判决。

遗憾的是,一审判决中,法院还是认为被告人卢胜辉无视国法,以暴力手段强行与妇女发生性关系，其行为已构成强奸罪，公诉机关指控被告人卢胜辉犯强奸罪，罪名成立。被告人及辩护人提出的辩解与本案事实不符。依照《中华人民共和国刑法》第二百三十六条第一款之规定，判决被告人卢胜辉犯强奸罪，判处有期徒刑三年六个月。

江晓华马上帮卢胜辉提出上诉。经市中级人民法院组成合议庭审理，认为原审判决认定上诉人卢胜辉犯强奸罪的事实不清，证据不足，撤销原判，发回重审。

重审判决中，法院认为，违背妇女意志是构成强奸罪的基本特征，本案中，证人证实退房时被害人的精神状态无异常，加之被害人此前连续多个来回乘坐被告人所驾车辆，被告人下班后又跟随被告人打麻将、消夜至次日凌晨4时许再一同前往旅店开房的事实。除被害人陈述外，没有证据佐证被告人违背被害人的意志，并以暴力手段强行与被害人发生性关系。经鉴定，被害人仅为轻度精神发育迟滞，具备部分性防卫能力。被告人及其辩护人的无罪辩护意见符合本案事实，亦有法律依据，予以采信。因此，指控被告人卢胜辉犯强奸罪的证据不足，罪名不成立。依照《中华人民共和国刑事诉讼法》第一百六十二条第（三）项的规定，判决被告人卢胜辉无罪。

卢胜辉释放后，在他妻子曾红梅的陪同下，上门来向江晓华道谢。江晓华对他不客气地进行了一番严厉批评："作为你的辩护人，我全力以赴帮你开脱罪责，但并不代表我对你这种行为的认可。万恶淫为首，你的行为虽没有受到法律的制裁，却要接受道德的谴责。希望你以后要安分做人，善待你的妻子，如果不是她不计前嫌地帮你找律师打官司，你可能就要蹲几年班房了。夫妻一场，有今生没来世啊！"

卢胜辉红着脸，连连点头。

## 一起集资诈骗案

经商中有句至理名言：不要和朋友一起去做生意。朋友固然重要，但现实中，往往朋友也最容易不讲规则。因为是朋友，碍于情面，很多规则也都简化了、忽略了，人情代替了一切；一旦出问题，利益摆到桌面上的时候，说不清道不明，生意没做好，朋友也没得做，甚至反目成仇。

2012年4月，江晓华代理了一个涉嫌集资诈骗罪的案件。委托人是犯罪嫌疑人刘逸绅（化名）的妻子。据刘逸绅的妻子陈述，刘逸绅和好朋友吉昌平（化名）在2004年合伙开了家"金虎网吧公司"。

迈入2000年后，我国的计算机互联网迎来了一个爆发期，而网吧产业则进一步促进了网络产业和网络文化的发展。时代的前进、科技的变化，人们需要多种多样的娱乐和消费，因此，当时经营网吧便成了一个十分暴利的行业。刘逸绅和吉昌平在经营的初期阶段，合作还算愉快。因为大家是朋友，没有明细分工，哪急顾哪，不分你我，热情高涨。再累不叫苦，再苦也咬牙坚持，他们坚信在不久后就会把网吧公司的生意越做越大，赚到足够多的钱，在城里过上富裕的生活。

随着网吧公司业务的不断扩大，人手不够，负责人事工作的吉昌平便陆续安排自己的一些亲密朋友和之前的同事加入进来。对于吉昌平在人事方面专行独断的安排，刘逸绅多少有点不满意，因为他发现自己在网吧公司里面慢慢被边缘化了，吉昌平成了众人拥戴的核心人物。其实，刘逸绅也想安排一些自己人，平衡一下公司的权力关系，但他没有说出来，吉昌平也没有给他机会。网吧公司的营业额没有增加多少，随着人员的增加，人工成本却高了许多，利润便开始大幅下降，甚至个别月份出现亏损现象。刘逸绅便提议要裁掉一些人员，并拟了一份裁员名单给吉昌平。可吉昌平没有同意。刘逸绅慢慢地有了怨气，他们开始时不时因为意见不合争吵，喋喋不休，气氛闹得很僵，完全不顾当初的诺言了。俩人都觉得对方变得面目可憎，不可理喻，彼此心里装着怨恨，反目成仇。刘逸绅原本想要裁掉的那些人员，也联合起来，怂恿吉昌平把刘逸绅挤走，独揽网吧公司的大权。吉昌平与刘逸绅的友情早已烟消云散，在一些人的煽动下，他不仅要把刘逸绅挤走，还要避免他另立山头成为竞争对手。于是，几人一起合谋，经过一系列的操作，刘逸绅最后被迫退出了网吧公司，还被检察机关以"集资诈骗"的指控罪名抓了起来。

江晓华接受委托后，就到检察院去查阅案件情况，然后跟刘逸绅关押的看守所联系会见事宜。

在看守所里，江晓华问道："刘先生，你对于检察院对你的起诉有什么看法？"

刘逸绅神情悲怆地回答道："江律师，我冤啊！检察院对我的指控与事实不符，真实情况是我们那个网吧公司现在的法定代表人吉昌平为了达到侵占公司财产的目的，伪造股权转让协议，冒用股东签名，以超低的价格非法转让公司股权，侵占公司财物，同时串通公司的部分债权人，采用虚构借条报假案等方式，诽谤陷害我，您一定要替我申冤啊！"说完，这个七尺男子竟然号啕大哭起来。

江晓华安抚道："刘先生，你冷静一点，我这次来就是为了帮助你的，希望你如实把情况告诉我，我才好帮你洗脱冤情。"

刘逸绅闻言，马上停止了哭泣，用手擦了擦眼泪，说道："江律师，我一定会好好配合您，知无不言，言无不尽！"

"那好，我问你，检察院认为你在 2005 年 7 月以虚假发票和资产证明、实物委托一资产评估事务所对网吧公司进行虚假评估和虚假增资验资，骗取工商登记注册管理部门将出资金额由 45 万元增资至 900 万元，增加注册资本855 万元。你说说这是怎么一回事？"

"这不是事实！"刘逸绅激愤地说道，"我是采用设备等实物进行增资，购买设备是安排公司市场部门人员前去采购，所开发票是由设备销售单位开具，我只是按票据金额付款，我无法辨别发票的真伪，并且所有设备均由正规会计师事务所进行评估，绝对不存在虚假增资的情况。"

江晓华继续问道："检察院认为你在 2005 年 9 月至 2007 年 5 月期间，故意夸大自己公司的注册资本，以投资为名，以高额回报为诱饵，故意误导被害人高乐、李铮、林亮（均为化名）等投资者向其借款和投资，诈骗上述投资人和借款人借款和投资共计 333 万元人民币，得手后既没有如期支付利息和回报，也没有退还本金给上述投资者和借款人，是不是？"

刘逸绅答道："这也是不符合事实。首先，高乐他本人自 2005 年起一直在我们网吧公司里担任副总经理职务，主管行政和市场部门的工作，对网吧公司的运营状况一直都很清楚，根本不存在我误导他投资和借款；其次，李铮、林亮等网吧公司债权人均为高乐在另一个公司的同事，上述债权人的投资是由高乐亲自经办的，属于公司行为，与我本人无关；再次，李铮、林亮等人我均不认识，这几个人有些是高乐在原来公司的同事或朋友，属于网吧公司的债权人，有些是吉昌平找来陷害我的，我与这些人素不相识，又怎么会发生这些借贷行为呢？"

"既然如此，你为何要逃匿？"江晓华紧接着问道。

"我根本就没有逃匿的行为！"刘逸绅连连叫屈，"我离开网吧公司另行发展后，我还专门给吉昌平写了一封信，安排网吧公司后续的工作。自 2010 年我发现吉昌平一直未提供网吧公司财务报表而派人去网吧公司查账时，才发现吉昌平已伪造股权转让协议并冒用股东签名，非法将网吧公司全部股权转卖，并将网吧公司资产侵占。此后，我一直就公司的股权问题与吉昌平交涉，并于 2010 年向工商行政管理局提起行政申诉，2011 年还向法院提起民事诉讼。本人还于 2010 年 7 月与林亮在'江湾咖啡馆'商谈关于吉昌平侵占网吧公司及他人财产的问题，并商议准备起诉吉昌平。以上这些都足以说明我根本不存在逃匿行为。"

……

"好的，你说的情况，我都记下来了。"江晓华对案情有了一个了解，看看还有时间，便问道，"你还有什么要补充的吗？"

刘逸绅跟看守人员要了一杯水喝了，想了想说道："我还有四点要补充的。第一，金虎网吧公司的债权人已于 2010 年向法院提起民事诉讼，被告是金虎网吧公司，这说明那些债权人也一直认定金虎网吧公司才是真正的债务人，而不是我本人，自 2007 年至 2012 年历时 5 年，如果那些报案人认定本人是诈骗行为，那早就报案了；第二，本人已于 2007 年 2 月卸任金虎网吧公司法定代表人职务并已登报公示，所有手续均是合法合规；第三，金虎网吧公司是根据上级相关文件，通过全市范围公开竞标，并由市政府主管部门严格审核后成立的，这行业也属于半垄断性行业，我作为金虎网吧公司的发起人与投资人，根本不需要靠虚假增资、故意夸大公司规模来实行诱骗，之所以进行增资仅仅是上级部门有相关规定，要求我的网吧公司注册资金必须达到一千万元；第四，吉昌平纠集社会黑恶势力，对外非法放贷，恐吓威胁债务人，同时利用本人在法院参加民事诉讼的时机，指使其律师出面稳住本人，公然安排打手在法院门外将本人进行扣押，同时虚构案情进行虚假报案……"

掌握了全部案情后，江晓华便根据案件事实和相关法律规定，出庭为刘逸绅进行辩护。江晓华认为，根据《中华人民共和国刑法》第 192 条规定：集资诈骗罪是指"以非法占有为目的，使用诈骗方法非法集资，数额较大的……构成集资诈骗罪必须同时具备三个要件：一、以非法占有为目的；二使用诈骗方法；三、非法集资。"而本案中，被告人刘逸绅的行为并不具备这三个要件，因此被告人刘逸绅的行为不构成集资诈骗罪，依据有以下几个方面。

一、从公诉机关提供的所有证据材料来看，没有确实充分的证据证实被告人刘逸绅具有非法占有投资款和借款的目的。

在 2011 年 1 月 4 日开始施行的《最高人民法院关于审理非法集资刑事案件具体应用法律若干问题的解释》第四条规定了八种属于"非法占有目的"的情形：（一）集资后不用于生产经营活动或者用于生产经营活动与筹集资

金规模明显不成比例，致使集资款不能返还的；（二）肆意挥霍骗取资金的，致使集资款不能返还的；（三）携带集资款逃匿的；（四）将集资款用于违法犯罪活动的；（五）抽逃、转移资金、隐匿财产，以逃避返还资金的；（六）隐匿、销毁账目，或者搞假破产、假倒闭，逃避返还资金的；（七）拒不交代资金去向，逃避返还资金的；（八）其他可以认定非法占有目的的情形。因此，认为被告人刘逸绅的行为与这八种情形不相符合。

首先，被告人刘逸绅对所取得资金的具体使用情况能够证明其主观上不具有非法占有的目的。依据公诉机关提供的证据以及被告人刘逸绅家属提供的证据，从 2004 年 9 月至 2007 年 5 月期间，刘逸绅和网吧公司的借款和收取的投资款情况如下：

从 2005 年 1 月起至 2007 年，金虎网吧公司向被告人刘逸绅手中收取人民币 6186190 元用于网吧经营。

根据刘逸绅家属提供的《合作经营协议》《商铺租赁合同》、房租和水电发票等系列证据显示，从 2004 年 5 月至 2007 年 5 月，刘逸绅为公司经营先后支付房租、水电共计 1301434.31 元，装修费 306805.50 元。

2005 年 12 月 30 日，金虎网吧公司委托一资产评估事务所对网吧公司的电脑设备等实物进行评估，刘逸绅投入设备的价值为人民币 3560040 元。

……

其次，被告人刘逸绅没有逃匿。被告人因其所有的网吧公司股份被人冒名转让，从而以高乐、李铮、林亮、网吧公司、工商行政管理局为被告向人民法院提起诉讼。2012 年 4 月 11 日，被告人刘逸绅应法院要求去做笔迹鉴定时，被吉昌平等人扭送侦查机关。在此之前，被告人刘逸绅还到工商行政管理局申请复议。故公诉机关指控被告人刘逸绅逃匿缺乏事实证据。

二、被告人刘逸绅在借款过程中没有使用"诈骗方法"。

本案中，被告人刘逸绅在经营网吧公司，没有编造实际上并不存在的企业或项目，这有相关批准文件可以佐证。公诉机关认定刘逸绅明知自己故意夸大公司的注册资本，却以投资网吧公司为名，以高额回报为诱饵，这与事实完全不相符：

1、公诉机关无证据证明被告人刘逸绅故意夸大公司的注册资本。首先，公诉机关没有证据证明虚假发票是被告人刘逸绅伪造的。正常情况下，发票应当是由供应商出具的，所以不排除被告人刘逸绅在不知情的情况下收到了假发票。其次，评估时是有设备实物存在的，我们不能因为假发票而否认设备实物价值的客观存在。况且评估所亦非仅凭发票作出的评估报告，而是综合考虑市场价格等因素作出的客观评估。所以仅凭虚假发票否认确实存在的设备实物的价值，显然违背客观事实。

2、投资网吧公司是真实的，而无欺诈性。根据上述的分析，表明刘逸绅自 2004 年至 2007 年 5 月期间投入网吧公司的资金远超出涉案债权人的借款和投资款，根本不存在虚构事实或隐瞒真相的行为。

3、公诉机关认为以高额回报为诱饵，但事实并非如此。

根据高乐的询问笔录，"问：刘逸绅向你借款是否有对你承诺什么？答：我开始借款的时候没有说利息的事，后来 2006 年的 1 月份借款给他 15 万元人民币的时候，刘逸绅答应每个月给我 6 千元利息即 4% 利息，第五次借款给他 33 万元的时候他也答应按 4% 利率给我。"李铮的询问笔录，"问：你们借钱给刘逸绅时有无说好多少利息？答：没有利息，因为说好是借给他周转一个月。"因此，本案发生的借款和投资款并非均有 20% 高利息，部分借款根本没有约定利息的，是一般的普通借款。

三、本案所涉受害人均属朋友和熟人，不属于不特定的"社会公众"，被告人刘逸绅不存在向社会公开募集资金的行为。

江晓华认为，在本案中，被告人刘逸绅的借款对象是他之前的同事，以及网吧公司的股东、管理人员，而且公诉机关提供的证据材料只涉及 10 人，完全是特定人员，根本不存在"社会公众"这一犯罪特征。刘逸绅向他们借款只是朋友间的借贷，而不是集资诈骗罪中的向社会公众募集资金。

四、公诉机关的指控事实不清、证据不足。

按照《刑事诉讼法》第141条的规定，人民检察院只有认为犯罪嫌疑人的"犯罪事实已经查清，证据确实、充分，依法应当追究刑事责任的"才应当提起公诉，可事实上，本案事实并未查清，证据并不确实充分，尤其是所有的借款和投资款的去向没有查明。因此，仅凭现在证据无法认定被告人刘逸绅构成犯罪。相反，辩护人有充足证据证明犯罪嫌疑人刘逸绅不符合集资诈骗罪的构成要件。

由此，江晓华认为刘逸绅的行为完全是一种民间借贷行为，其不具有"以非法占有为目的，使用诈骗方法非法集资"，其行为不符合《刑法》关于集资诈骗罪的规定，依照罪刑法定的原则，起诉书对其犯罪指控不能成立。为维护法律的尊严与权威，保障被告人的合法权益，恳请法院对刘逸绅依法做出无罪判决。

江晓华严格按照法律法规及国家的政策，明断是非。在大量的证据面前，法院最终给刘逸绅作出了无罪判决，当庭释放！

刘逸绅走出法院的大门，百感交集，紧紧握住江晓华的手："谢谢江律师让我沉冤得雪，为我免去了牢狱之苦，大恩大德，我今生没齿不忘……"

江晓华笑道："让无辜者免受冤屈是我们律师的职责，你不必言谢。"他力求自己精心做好每一起案件，对得起当事人，对得起社会，经得起历史与正义的考验。这就是一个律师的责任担当，也是一个法律人的价值体现。

## 一起惊天假钞大案

2002年，惠州市惠城区接连发生了两宗惊人的假币大案。

惠阳市水口镇（现为惠州市惠城区水口街道办事处）有一个很大的池塘叫"青塘湖"。这个池塘远离喧嚣的都市，处于娴静的田园之间。附近的村民谭伯是个养牛户，六十多岁的他因家中的大部分田地都被征收了，闲不下来的他，买了几头水牛来养。附近有许多被征收了却还未开发的土地，地上长满草，是放牛的好地方。谭伯放牛两三年后，牛生牛，他的牛群已经发展到了十多头。除了冬天，谭伯几乎每天都会赶着他家的水牛到青塘湖里泡澡。2002 年 7 月 1 日的下午，谭伯又赶着他的牛群来到青塘湖东面的湖边。青塘湖最近因村民抽水抗旱处于半干涸状态，牛儿要走过一段淤泥才能到水里去泡澡。谭伯将牛群赶入湖里后，从口袋里掏出一袋烟丝，卷了支烟抽了起来。牛儿把牛身子都泡在水里，时不时在水下打个响鼻，"扑哧扑哧"冒着水泡，一条条脊背露出来，光溜溜的，金色的阳光照在上面，闪闪发亮。谭伯的烟抽着抽着，忽然不动了。他发现给牛儿踩踏得乱糟糟的淤泥里，露出许多红艳艳的纸张，像是他经常舍不得拿出来用的百元大钞。谭伯用力地揉了揉自己的眼睛，越看越像是纸币。他心里不禁怦怦地狂跳起来，鞋子也不脱，"扑通"一声跳入池塘的淤泥中，把附近几只在池塘边上觅食的绿头鸭吓得张开翅膀四处飞散。

"钱，真的是钱！"谭伯从淤泥中抓起一把红艳艳的钞票一样的纸张，心中狂喜，尽管那叠钞票外面沾满腥臭的泥巴，但里面层叠着的那些面额却是清晰可辨的。发财了！谭伯为自己捡到意外之财而兴奋得手脚发抖。可没一会儿，他的惊喜就变成了惊奇，慢慢又变成了惊慌，因为他在淤泥里面发现的钞票不仅仅是一沓沓一扎扎，而是一捆捆，一袋袋。无数袋编织袋装着的钞票七零八落地混杂在那黄褐色的淤泥中。

妈呀，这是多么庞大的一笔巨款啊！谭伯吓呆了，原以为是哪个倒霉鬼不小心把一叠钱遗落在池塘里，却没想到竟然有那么多，满地都是。这显然是有人故意把这些钱丢在池塘里面的。谭伯虽说是个农民，但也觉得事情非同小可。他赶紧放下手中的那叠钱，把牛赶到一个荒芜的工地上，顾不得脱下身上湿漉漉的沾满淤泥的衣服，直奔村长家去报告。村长来到现场一看，也是惊得嘴巴半天合不拢，好不容易回过神来，慌忙掏出手机，向水口镇政府汇报。镇里的干部赶到现场确认事实后，又马上向当地的水口派出所报案。

水口派出所接报后，立即派出民警前往保护现场。情况也继续逐级往上报。

惠州市、惠阳市（县级市，后并入惠州市成为惠阳区）公安机关高度重视。惠州市公安局刑警支队、惠阳市公安局刑警大队民警赶赴现场，进行勘查。有关专业人员在现场分析辨认，确认这是一批面值 100 元的第五版人民币假币。经清点，这批假币总数约有人民币 5600 多万元。

此案件在当地引起了不小的震动。公安机关将假币移交惠州市人民银行处理，马上立案，成立了以刑警大队和经侦大队民警为主的专案组，展开全面调查，对水口一带的出租屋、印刷厂等场所进行摸查。

当专案组正在紧锣密鼓地进行调查时，又一件同类型的案件发生了。

2002 年 11 月 25 日下午二点半，惠阳市大岚镇的养路工钟利民（化名）跟往常一样，按时上班。大岚镇是惠阳市一个平静、偏僻的山村小镇。养路工人钟利民抵住繁华社会的诱惑，毅然投身于公路养护这一日晒雨淋、晴天一身汗，雨天一身泥的艰苦行业，带着青春的梦想和执着的信念在偏僻的小镇道班里一干就是十几年。他以路为业，以站为家，无怨无悔，勇挑重担，攻坚克难，是一个真正在路上追逐梦想，在路上挥洒人生的"平凡养路工"。如果没有意外，他平凡的人生将像大海里的一滴水。可意外发生了！那天，他跟平常一样，从大岚镇往紫金方向沿路养护 120 省道。爬上一道长长的山坡后，钟利民突然在马路左边的排水沟里发现了两张新版的 100 元人民币。正当他蹲下去准备捡钱时，呼啸而过的大客车带起一阵风，将两张纸币吹了起来，落到了公路护坡下面。钟利民追过去，但眼前的情形使他立时惊呆了——"山沟里到处都是钱，下水沟里、护坡上、凤尾竹林里和灌木丛中，新版的 100 元人民币到处都是。"大岚派出所接警记录上记录着钟利民报案时的原话，"好多的钱，红红的像火一样，似乎要把山沟烧起来。"民警记录下报案的准确时间及地点："2002 年 11 月 25 日 15 时 40 分，120 省道 184 公里处，北边的山沟及护坡，大量的散币布满山沟，成袋的包装共有 12 袋，成捆的有 4 个。"

大岚派出所立即派出民警保护现场，并迅速报告给惠阳市公安局。深山的冬夜，寒风刺骨，民警们连夜奋战，手持照明灯，耐心细致地清理现场，将假币打好包装。由于坡陡路滑，民警们通力合作，直到26日凌晨1点钟，才将400多公斤假币和边角废料从30多米深的山沟里搬到路面。经警方鉴定，这些假币有的裁切不规则，有的颜色明显出现偏差，或线条不齐，或图案缺失，或面值数字、人民币编号、发行年份缺少。这显然是不合格的印刷品，无疑是假币。从边角料的用量推算，仅仅是这批被丢弃的假币，其印刷面值至少达到6000万元。惠州市公安局经济犯罪侦查支队的领导当时一致的意见是，这批假币源自台湾，因为按惯常的推理，内地的犯罪分子还做不出这样逼真的假币。从警方出示的假币看，手感、清晰度，水印、防伪线等全都与真币一模一样，一般人根本区分不出。"这是我们见到过的仿制技术最高明的假币，比台湾版仿真效果更好。另外，这么大的印制版面我们以前还没有看到过。"一个参与现场侦查的领导感叹地说道。惠州市公安局将此案定为"11·25"特大制贩假币案，并于11月26日成立了侦办"11·25"特大制贩假币项目指挥部。由惠州市公安局长亲自担任总指挥，广东省公安厅经侦总队的一个副总队长，惠州市公安局和惠阳市公安局几个副局长担任副总指挥，抽调精干民警组成项目组，要尽快将犯罪分子缉拿归案，严惩严办，以儆效尤。

印制假币必须具备三个主要条件：专业技术人员、380伏工业用电、印刷机械和特殊的印钞纸。

专案指挥部经过分析案情和结合7月1日在水口镇青塘湖中发现的5600多万元假币的线索，安排专案民警秘密穿行在惠州市的大街小巷，查遍了市内所有的大小纸张店铺，并秘密排查使用380伏工业用电的工厂和民房，确定生产假币的窝点藏匿在惠阳市水口镇龙津新区一处出租屋内。

案件是专案民警从排查380伏用电量上取得突破的。在惠阳市水口镇龙津新区，民警们发现一户人家在5月份报装380伏工业用电，用电量在9月至11月急剧上升，非常可疑。

　　那是一幢 3 层的出租楼房，每层约 90 平方米。专案民警秘密找到房东。据房东说，租房人是在经营彩色印刷厂，专门印刷商标、挂历等高档印刷品。惠阳公安局派出 6 名警察，租下距这幢出租楼房 300 米远的一幢楼的 6 层，进行 24 小时监控。经过 5 天的艰苦侦查，房屋承租人的身份、年龄、籍贯、住址和职业特征等已经被警方完全掌握。后来，蹲守民警发现租房人的一辆面包车多次往返于另一个地方。警方跟踪面包车到水口镇龙湖路，位于龙湖路上的另一个制假嫌疑窝点被发现。为了查清车上装的到底是什么货，侦查的专案民警还特意扮成乞丐，穿上一身破衣服，把头发弄得乱蓬蓬的，把裤脚卷起来，脸上也擦了些灰，然后趁人不备来到了监控点前，终于确认车上运输的有假币，也有纸张，无疑就是制贩假币团伙。

　　确定了目标后，12 月 26 日，在广东省公安厅部署和指挥下，代号为"寒风行动"的收网行动正式开始。

　　当晚 18 时 30 分，惠州、深圳、汕尾、揭阳、河南五地的抓捕行动同时打响，各行动组共 160 多名警力同时扑向目标。专案民警冲入位于惠阳市水口镇龙津的生产窝点内，当场抓获正在印制假币的犯罪嫌疑人周新祥（化名）、王水来（化名），查获正在生产的印假币设备、PS 版、胶片等作案工具一批，现场缴获面额 100 元的第 5 套假人民币半成品 4200 万元。专案民警在位于水口镇龙湖二路的仓库内缴获面额 100 元第五套假人民币成品 1800 万元。在水口镇路边的中巴车上，将正欲逃窜的主犯王金星（化名）抓获，同时抓获其他几名犯罪嫌疑人。

　　专案组民警在深圳市公安局的大力配合下，在深圳抓获主要犯罪成员王金月（化名）等其他 13 名涉案人员，并在王金星的住处搜查出 50 余万元现金赃款、存折及其他单据一批。

　　"郑州行动组"在河南省公安厅的大力协助下，抓获涉嫌制贩假币胶片的犯罪嫌疑人曹某等人，并缴获制作胶片的电脑、USB 移动硬盘、电子分色机、显影机、扫描仪等作案工具及赃款一批。

在汕尾、揭阳公安机关的配合下，将贩卖假币的主要犯罪嫌疑人林某抓获。至此，包括设计、制造，提供印制和产、供、销各环节的主要涉案人员全部被公安机关抓获归案。现场缴获第五套百元版假人民币成品1800万元、半成品4200多万元。

这宗全国罕见的特大制贩假币犯罪集团被广东警方彻底摧毁，涉案人员全部落网，印制假币犯罪集团的活动在惠州刚一落脚便遭全歼。公安部发来贺电，对广大参战民警给予了充分的肯定和赞扬。国内无数家大报刊对这个案件进行了大篇幅的报道。据报道，这起特大制贩假币案是国内公安机关近10年来侦破得最成功、最彻底的制贩假币案件之一。

没多久，惠州市中级人民法院便通报，"11·25"特大制贩假币案一审判决，伪造人民币数量1.68亿元，造成7000多万元假币流通于市面的王金星团伙被重判，主犯王金星及其他团伙成员分别被判处死刑、死缓、无期徒刑及有期徒刑15年。

江晓华通过媒体也一直关注着这个"惊天"的制贩假币案。作为一名执业律师，他十分清楚假币对社会的危害性，会严重损害人民币的信誉。人民币是我国的法定货币，长期以来，在全国人民中保持着很高的信誉。可由于假币的流通，不但破坏了人民币的正常流通秩序，在社会上也造成了极坏的影响。一些地方，由于假币的出现，甚至在群众中引起了"一百元券是假票""一百元券要作废"等谣言，迅速刮起了大面额人民币兑换风，甚至个别乡镇的农业银行营业所门前排起了长队，一天兑换几万元。一些商店也开始拒收大面额人民币。这不仅直接影响了银行的正常业务，也给部分群众的生活工作造成了不应有的麻烦。尽管这些风波在银行部门的努力下很快得到了平息，但仍有一些人对大面额人民币心有余悸。像王金星这样的特大制贩假币的犯罪分子，枪毙那也是死有余辜。可江晓华没想到，王金星这个特大制贩假币的犯罪分子竟然会跟自己搭上关系。

王金星一审宣判半年后，一个四十多岁的妇女带着一个二十岁左右的姑娘和一个十多岁的男孩来到了广东宝晟律师事务所。

这个妇女就是王金星的妻子叶玉莲（化名），另外一女一男，正是他的女儿和儿子。他们慕名上门来找江晓华帮助搭救罪犯王金星。

叶玉莲悲戚戚地用夹杂着浓厚潮汕口音的普通话恳求着江晓华救她的丈夫。看着这悲痛欲绝一家三口，江晓华心里也异常沉重。可他并没有马上接这个案子，因为这个案件性质十分严重，影响又非常大，人们都对制贩假币分子恨之入骨，为这样的人辩护，必定会引起大家的反感。

在办理许多刑事案件时，江晓华经常都会陷入这样非常矛盾的心理之中。作为一个法律人，他十分痛恨犯罪。犯罪行为如果得不到制裁，最终也会对人民群众的生活构成潜在的威胁。对于律师而言，法律不能只是挣钱的工具。他希望在办案过程中实现自己的法律理想，让有罪的人得到惩罚，让受害者得到抚慰，让正义得到伸张。然而，作为被告人的辩护律师，面对侦查机关搜集的证据，出于职业责任，他总是要想方设法寻找其中的漏洞，寻找其他的可能性，为被告人开脱罪责。内心深处，难免会有一些分裂和抗拒。

许多同事也劝江晓华不要接这个案子。

可江晓华最后还是顶着重重压力，接受了委托。他认为，每个人的心里都隐藏着天使和魔鬼，即使是自私自利、凶恶残暴的罪犯，也有他善良的一面。就像王金星，他在人民群众面前，是个罪大恶极的制贩假币的犯罪分子，可在他妻子叶玉莲心中，却是一个好丈夫。叶玉莲告诉江晓华，自己丈夫在外面辛辛苦苦打拼，将他们母子三人从贫困的陆丰农村老家接到深圳去生活，还买了房子，并且生活检点，有钱后也与她恩爱有加；在儿女心中，爸爸是个好父亲，有能耐，不用他们在田地里干农活，还在深圳市上最好的学校。更何况，公平和正义是每个律师的追求，有些人之所以沦落，是被灰尘蒙住了心灵，被物欲遮住了眼睛。那么，他就有责任去靠近他们的心，开启他们的善。

办理了委托手续之后，江晓华来到看守所，见到了王金星。

江晓华开门见山地说："你老婆和你的儿子女儿来我的律师事务所找到我，委托我做你的辩护律师，想办法帮助你！"

王金星见到了江晓华，像是汪洋大海中抓住了一根救命稻草："江律师，你一定要救救我，我才四十来岁，我不想死。我还当过兵，吃过苦，对国家还是有过贡献的，我还检举揭发了好几个案件，有立功表现……"

"请放心，我会尽力的。"江晓华安抚他不要焦躁，静待他的消息。

江晓华在法院提取到了有关王金星的卷宗，在审讯笔录记录中，王金星的犯罪轨迹一一呈现在他的眼前：

20世纪90年代初，陆丰市制造假币的现象十分猖獗。王金星当兵退役后待在家里无所事事，他的一个朋友陈木昆（化名）找到他，问他愿不愿意销售假币。王金星没有同意，但出于好奇和贪欲，他就向陈木昆打听，做假币好赚钱吗，怎么做呀？陈木昆得意扬扬地告诉他："当然好赚钱了，不好赚我做它干什么？"王金星心想也是，他耳闻目染，知道身边很多人靠造假币赚了很多钱，这个陈木昆就是其中一个。正处于贫困交加环境中的王金星，心里掀起了波澜，自从人家找他销售假币的那一刻，心中就产生了自己造假币赚钱的念想。

可王金星什么都不懂，对造假币更是什么也不知道，他就开始接近陈木昆，告诉他，自己也有造假币的想法。陈木昆得知王金星要造假币后，就推荐一个名叫罗贵全（化名）的师傅给他。王金星在陈木昆的牵线搭桥下，找到了罗贵全，要他帮忙造假币。后经罗贵全介绍，王金星得知朱连平是一个制版技术十分精湛的印刷人才，自己要制作假币，正需要这样的人，便挖空心思讨好朱连平。他知道朱连平很爱他的妻子，便从这入手，经常给他妻子买一些急需药品，不时还提着一些营养品上门去看望，嘘寒问暖。朱连平很是感激，把王金星当成了好朋友，以致后来王金星邀请他一起制造假币时，他没经过什么考虑就同意了。

可是经过了几次尝试，都没能取得成功，心灰意冷的王金星便收了手。

到了 2001 年底，原来给王金星印制假币的一个主要技术工人孔金安（化名）又联系了王金星，说他在深圳一家印刷厂做得很不开心，工资又不高，问他要不要再做假币。王金星此时债务缠身，正愁着生计和出路，又动心了。这次王金星终于在 2002 年 8 月制造出了超级逼真的假币，得到了买家高度认可，甚至愿意以高价格跟他购买假币。王金星开始疯狂印制假币。

后来据公安机关的调查，从 2002 年 9 月至 12 月，该团伙先后 6 次共印刷假人民币成品 1.68 亿元，半成品 4200 万元，并以 6 至 7.5 元真币兑换 100 元假币的价格通过汕尾等地的贩假分子销售假币 4200 万元，获赃款 200 多万元。

王金星生性多疑，又在部队里面待过，为人十分狡猾干练。他有两个弟弟，除了给他销售假币的王金月外，还有一个弟弟叫王金阳（化名）。王金阳也是一个制造假币的犯罪分子，因为制造假人民币 1000 万元被判处无期徒刑，至今仍在服刑。然而，王金阳的下场并未让王金星改邪归正，印制假币使他尝到暴富的瘾头，存折上的钱往百万元上窜，那种感觉又刺激着他胃口越来越大。他一直认为，是弟弟太不小心才被警察抓获的，如果自己动手干，凭着见多识广和足智多谋，就不会出事。王金星自信自己的能力，继续向制造假币的深渊走去，建立起一个由亲友和老乡组成的家族式特大制贩假币的犯罪团伙。

王金星善于伪装，警惕性极高，多次逃过警方追捕，而在警方的档案中，王金星一直没有前科。警方多次端过他的制贩假币生产窝点，其他人都暴露过，但作为"大老板"的他却未露任何蛛丝马迹。王金星虽然一直都是这个犯罪团伙的首脑，但他很少抛头露面，也很少到生产点和仓库去。他赚到钱后，买了一部本田小轿车，可他无论是从深圳到惠州或是惠州到深圳，从来不开自己的车，每次都坐中巴。坐车时，他往往坐在后面靠窗的位置上。王金星团伙成员经常被他告诫"安全第一"，团伙内部单线联系，彼此用江湖黑话交谈。落网后的王金星怎么也无法相信自己会栽在警察手里。他自认为由他和弟弟王金月，还有妻弟等人组成的制贩团伙都是陆丰家族成员，曾多次逃脱警方的追捕，已积累了相当丰富的反侦查经验，怎么会在警方监控一个多月的情况下，居然毫无察觉地栽了大跟斗呢？"我们 8 人中谁是警方的内线？"他反复询问审讯他的民警。"没有内线。""没有？佩服，佩服！"王金星说。由于自知罪行严重，王金星被捕后一直伺机以头撞墙撞地，意图自杀。

机关算尽，误了性命，真是可悲又可怜啊！江晓华了解清楚王金星犯案经过后，无限感慨。

对于王金星的家人来说，他们希望就是能判个"死缓"，可如此重大的案件，怎么能够改判呢？除非有重大的立功表现。当初，他敢接这个案子的底气就是来源于叶玉莲说她的丈夫在拘留期间有重大的"悔改立功表现"，并且已经得到了公安部门的确认。于是，他决定重点还是从王金星的"悔改立功表现"入手。

从搜集的案卷中，江晓华了解到王金星涉嫌制造假钞，于 2002 年 12 月 26 日，被公安机关抓获，关押在某看守所。

王金星被押到惠州市某看守所后，深知自己罪孽深重，不断寻找机会自杀，后来通过看守所领导及管教的谈话教育，在思想上对他进行了一番又一番的开导，才让他放弃了自杀的念头，并且让他明白了可以通过检举他人犯罪，争取立功赎罪的一条活路。蝼蚁尚且偷生，更何况是人？王金星得知自己还有起死复生的希望时，一改之前的颓废，求生的欲望让他像打了兴奋剂一样。一个聪明的人爆发出来的智慧潜能是十分惊人的，能让许多不可能的事情变成可能。

一天，王金星的仓内进来了一个新的犯罪嫌疑人杨建强（化名）。行走江湖多年的王金星经过不长时间的接触，便知道杨建强是那种在社会上混的人，从他的身上一定能挖到一些有用的线索。于是他就想方设法与杨建强套近乎，在生活上给予关照。果然，经过他苦心攻关，杨建强给他提供了一条重要线索，其老乡申世权（化名）在老家伙同他人多次盗窃小汽车，并告诉他，申世权现在就在惠阳市某镇躲藏，以做保安为掩护，在一个酒店里打工。杨建强自己不敢举报，怕被报复。王金星得到消息后，将信将疑，他知道如果给公安部门提供虚假线索，将罪加一等，便趁着他的妻子和他的外甥来探视的机会，做通了外甥的思想工作，让他到某镇的一个酒店暗查是否有申世权这个人。不久，外甥就回来告诉他，那酒店的停车场里确实有这么一个保安。王金星马上向看守所的领导报告。经他检举揭发，有关公安局刑侦人员马上行动，抓获了申世权，侦查查明了他自 1999 年 12 月至 2001 年 2 月期间，伙同他人在山东济宁市、嘉祥县、金乡县、邹城县、郓城县等地，参与盗窃，作案三十余起，盗得各种机动车辆三十余部，总价值约三十余万元，另销售赃物桑塔纳 2000 型轿车一部，价值二十余万元。

王金星成功检举揭发申世权后，又在拘留所里通过深入了解和耐心做在押人员雷小波（化名）的思想工作，促使其如实交代自己的抢劫伤害犯罪事实。

犯罪嫌疑人雷小波在 2003 年 10 月上旬的一天晚上，跟酒肉朋友朱某、刘某等人吃过晚饭，想捞点不义之财来挥霍。他们各自携带着水果刀，行走到惠阳太阳城往惠澳大道路段一座大桥附近，看见一男一女在路边谈情说爱。雷小波负责望风，朱某和刘某悄悄摸过去对那一男一女实施抢劫，从男的身上搜到了十来元的零钞。那女人一下吓哭了，惊慌中，主动把身上的一百多元掏出来交给了朱某。朱某和刘某见抢的钱太少，便要抢那男子的摩托车，要男子将车钥匙给交出来。在那个时候，买部摩托车并不容易，作为一个打工仔，相当于半年的工资。男子自然不甘心摩托车就这样被抢走，便拒绝交出钥匙，反抗起来。纠缠中，恼怒的刘某掏出刀子便捅了男子两刀。雷小波和朱某一见刘某动刀杀人，吓得拔腿就四散逃跑。他们只想谋财，并没有想过害命。

雷小波在东躲西藏中，又干了其他违法行为，被关进了拘留所。王金星如获至宝，立刻检举揭发，抢劫并致人重伤的刘某和朱某相继被公安机关抓捕归案……

王金星"悔改立功表现"有五条之多，能否通过辩护将这些"功"抵掉一部分"过"，争取宽大处理，从而达到免死的目的？江晓华心中没有太大的把握。他捧着几百页的案卷材料，反复研究，苦苦思索，努力寻找对王金星有利的线索，看看还可以在哪些地方展开辩护。他的目光最后定在了这起制贩假币案件的数额上。从一审判决书显示，王金星制贩假币的数额高达1.68亿，可他真正销售出去的数量不多，获利也才200来万元，对社会还未造成严重的影响。这就好比一个人想持刀去杀人，可他行凶时只是把对方砍伤，并没有将对方砍死，这样，在法院量刑幅度则上有可辩护之处了。

找到了两个重要的辩护切入点，江晓华在审查办理案件过程中，积极适用检举揭发立功从宽制度，提出精准量刑辩护。

最后，法庭采纳了江晓华的观点，辩护获得了成功，王金星二审改判死刑，缓期两年执行，捡回了性命。

第九章

克尽厥职。探求真相，避免冤假错案是一条布满荆棘的路。

　　江晓华通过丰富的法律知识和精湛辩护，除了谢俊文、王金星外，还先后为广州吴某某特大走私案，惠州刘某某黑社会组织案，河源关某某特大票据诈骗案，博罗陈某某特大盗窃案、叶某某抢劫案、胡某某特大贪污案等依法提出减轻或从轻的辩护意见并得到人民法院的支持，由一审判处死刑二审改判死缓的判决，维护了法律的正确实施和社会的公平正义、维护了当事人的合法权益。

　　可被判处死刑的人，通常都是罪大恶极之人。在一次公开的法制普及课堂上，进行到互动环节时，有几个听众在课堂上对江晓华为这些"该死的人"开脱罪责表示十分不解。他们认为做律师要有原则，要有底线，怎么能为"坏人"开脱罪责呢？听到这些质疑的声音，江晓华微笑着回答："我做律师的原则就是维护公平、正义！"

　　他给大家分析，无论什么案件，事实一旦发生，就永远无法还原到当初的样子。作为律师，只能根据证据反映出来的情况，去探求真相、接近真相，对事实作出判断。《刑法》和《刑事诉讼法》的目的是保障人权，让每一个善良的人不被非法侵害，打击犯罪仅仅是个手段。公检法（公安局、检察院和法院）的人通过打击犯罪来保障人权，他们行使的是国家公权力——司法权！但是，如果司法权不受限制，那必然会导致司法权的滥用或腐败。把"公权力"这只老虎装进笼子里，目的就是为了让他们正确行使司法权，不要出来乱咬人。谢俊文、王金星等人干了坏事肯定要判刑，问题是怎么判才算公正的呢？这些问题由谁说了算啊？是媒体大众吗？是公检法领导吗？是人民群众的口水吗？那肯定不是，应该由法院通过裁判文书说了算。

　　公安局负责破案并收集犯罪的证据，检察院代表国家向法院起诉这些"坏人"，法院通过公开审判来确认这个人到底是不是"坏人"。当法院用裁判文书判定他就是坏人，这时候他才算是真正的坏人。否则，他们仅仅只是犯罪嫌疑人。未经法院判决，不得确定任何人有罪，这是法治国家必须坚守的底线。公安局在收集证据的时候会不会出现纰漏？检察院起诉的时候会不会弄错罪名？法院会不会轻罪重判？我们不是不相信公权力，而是不相信行使公权力的人。"坏人"的家属不了解情况，认为我家孩子从小就听话，他是不是被冤枉的啊？这就需要辩护律师对公检法人员的办案过程进行全程监控。法庭上，法官坐在最上面行使审判职能，检察官坐在右下方行使控诉职能，律师坐在左下方行使辩护职能。控、辩、审三足鼎立。检察官代表国家说他为什么有罪，律师说他为什么无罪（或罪轻），检察官说应当判死刑，律师说最多只能判五年。法官就坐在上面听，看看检察官和律师谁说得更有道理，真理真相，只有依靠辩论，才能越辩越清晰。让控辩双方充分辩论，目的就是求一个审判程序上的公正，让这些"坏人"心服口服，让民众了解案件的来龙去脉。最后，法院以判决书的形式昭告：法院判他的程序是公正的，适用法律也是正确的。

江晓华说，无论是古代还是现代，是国内还是国外，冤假错案都难以完全根除。冤假错案的发生原因很多，有的是无意之中造成的，有的是故意陷害造成的，有的是办案人员能力不强造成的，有的是技术落后造成的……比如在国内轰动一时的赵作海案件。农民赵作海与同村的赵振晌有矛盾。赵振晌的家人在其无故失踪四个月后，到公安机关报案，怀疑其被赵作海杀害。后来公安机关在村里的一口井中发现一具高度腐烂的无头、膝关节以下缺失的无名尸体，遂把赵作海作为重大嫌疑人进行刑拘，法院以赵作海犯故意杀人罪判处死刑，缓期二年执行。后来，"被害人"赵振晌却活着回到了村中。原来，赵振晌与赵作海因私人恩怨，携自家菜刀在杜某家中向赵作海头上砍了一下，怕赵作海报复，也怕把赵作海砍死，就收拾东西骑自行车，带财物外出，以捡废品为生，后因患偏瘫无钱医治，才回到村里，从而使这宗冤错案才得以曝光。还有"佘祥林""聂树斌"等冤假错案。为什么会出现这些情况？这就是公检法办案人员没有按照法律规定来办案，没有律师帮助他们来辩解，或者律师在行使辩护权时遭受公检法人员的恶意打压。

为了让大家对此有更深刻的了解，江晓华又举了个例子：一个有执法权的刑侦队长，负责一件凶杀案件。这个案件拖了好长时间都破不了，上级部门不断施加压力。这个刑侦队长在调查案发监控时，发现一个跟他有深仇大恨的人恰好经过那里。他就告诉刑侦人员，这个人就是杀人凶手。警察把人抓起来屈打成招，案件提交到检察院，再起诉到法院，最终将那人判了死刑。队长这样就把案子破了，不仅报了私仇，还立功受表彰。如果那个被冤枉、被枪毙的人是你，想想有多么的可怕。可如果你委托了律师来帮你辩护，律师就会在法庭上提出：我的当事人是屈打成招的，凶器上没有我的当事人指纹，我的当事人没有杀人的动机，等等。法院在众目睽睽之下还会偏袒检察官吗？无辜的人还会被冤枉吗？真凶还能逃脱法网吗？因此，我们要把公权力这只老虎关进笼子里。破案的警察也是有血有肉的人，他们没有孙悟空的火眼金睛，抓错了凶手也正常。有了律师的辩护，实际上是帮助公安局和检察院抓住真凶，避免冤枉好人。案件事实和法律条文也是非常复杂的，法官也是人，适用法律错误也是正常的。有了律师的辩护，就可以帮助法官正确适用法律。即便你是真凶，难道就不需要律师的辩护了吗？也需要啊！法院如何对你量刑呢？直接判死刑公平吗？判无期徒刑公平吗？判缓刑公平吗？这些都需要律师在法庭上当着大家的面来辩一辩。如果你有自首情节，或者你被逼无奈杀人，或者你是防卫过当误杀了人，在量刑的时候肯定要考虑从轻或减轻的。如果没有律师帮你辩护，你在法庭上面对的是检察官和法官，他们都是法律专业人士，手握国家公权力，你有没有感觉自己就是任人宰割的羔羊呢？你不是法律专业人士，不知道如何辩解，那就必须请个律师来帮你辩解。律师跟许多技艺人一样，本领都是经过长期的学习和不断的实践得来的，也是他们谋生的手段，因此，他们收取适当的律师费无可厚非。律师是人们的法律代言人，永远站在社会大众这一边与公权力进行制衡。国家为什么会对可能被判死刑的犯罪嫌疑人要求强制辩护？就是为了保证法律的公平公正，这也是一个国家法治进步的具体表现。

根据刑事诉讼法的规定，辩护律师的基本职责就是根据事实和法律，提出犯罪嫌疑人、被告人无罪、罪轻或者减轻、免除其刑事责任的材料和意见，维护犯罪嫌疑人、被告人的诉讼权利和其他合法权益。这一制度设计，就在于与控诉方形成一种诉讼对抗关系，防止对犯罪的指控成为一种潜在的犯罪认定。我国法律对公诉机关虽然也作出了要重视无罪、罪轻证据的规定，但公诉机关的追诉性质，在本能上肯定是更为关注有罪、罪重的事实和证据。因此，现代的诉讼构造，为防止一边倒，通过立法安排了刑事辩护这样一种对抗力量，从而形成了诉辩对抗、法官居中裁判的诉讼格局。从防范冤假错案角度而言，推而广之，从确保所有刑事案件审判的公正性、合理性、裁判可接受性而言，辩护律师都是法庭最可信赖和应当依靠的力量。

审判是诉讼的最后一个环节，也是实现司法公正的最后一道防线。刑事审判生杀予夺，事关公民的名誉、财产、自由乃至生命，事关国家安全和社会稳定，必须注重坚持依法公正审判，防止发生冤假错案。在江晓华心中，努力让人民群众在每一个司法案件中都感受到公平正义，决不能让不公正的审判伤害群众感情、损害群众利益，这就是一个律师必须坚守的原则和底线。

"维护法律程序的正义，避免让无辜之人受到冤屈，让犯罪之人罪有应得，这就是一个律师的神圣职责。"江晓华庄重而又详细地给大家诠释道。

第十章

扛顶压力，为民仲裁，是仲裁天平的守护者，是『全国优秀仲裁员』。

　　从事律师职业三十多年的江晓华不仅仅是惠州市律师行业的一位资深律师，同时还有另外一个身份——惠州仲裁委员会仲裁员。

　　惠州仲裁委员会是根据《中华人民共和国仲裁法》的规定，经广东省司法厅登记备案，由惠州市人民政府于 1997 年批准成立的仲裁执法机构。其宗旨是：依法、公正、及时地仲裁平等主体的公民、法人和其他组织之间发生的合同纠纷和其他财产权益纠纷，保护当事人的合法权益，保障社会经济健康发展。

　　相对于诉讼这种广泛认知的纠纷解决方式，仲裁则显得有点冷门。随着市场经济的发展，在经济关系日益呈现复杂化和多元化的情况下，仲裁机构作为社会主义市场经济体制中的一种准司法性的社会服务机构，可以对各种经济纠纷进行及时正确处理，对经济关系和经济活动起到服务、规范、监督和调节作用，更好地为市场经济建设服务。随着社会主义市场经济的不断发展，企业会越来越注重自己在社会上的信誉，企业明智地选择仲裁来解决纠纷，既有利于维护客户的良好关系，又有利于及时合理地解决纠纷，节省费用，提高经济效益。事实上，现代商事仲裁已经成为国内外通行的商事纠纷解决方式。

　　仲裁事业是一项维护公平正义的艰巨工作，对于仲裁员来说，最重要的特质就是保持中立，公平公正，不能带有任何感情因素审理案子，一切靠当事人双方提供的证据说话。"作为一名仲裁员，我深刻地感受到公平、公正是仲裁工作的生命线，必须时刻坚守。人民相信你，才会选择你担任仲裁员，作为仲裁员绝对不能辜负人民的嘱托。"江晓华表示，一份裁决书，牵扯着方方面面，保护当事人双方的合法权益是仲裁的最终目的，而证据和法律依据则是维持公正中立的支撑。

做仲裁员和做律师是有区别的，一个律师，必须要有八年以上的从业经历才有资格被选任为仲裁员。江晓华曾做过教师，又有非常丰富的律师从业经验，练就了一副"铁嘴钢牙"，经常在法庭上演"针锋相对"帮助委托人去争取最大权益，脑海中只想着打赢诉讼。而自从他担任仲裁员后，他就发现自己从维护一方权益变成了要维护双方权益，还要考虑如何化解双方的矛盾。仲裁这份工作让他懂得了"维护"和"调解"。

江晓华积极履行职责，经过一段时间的工作，他倍感仲裁工作使命光荣、责任重大，倍感仲裁工作为大局服务的必要，倍感仲裁工作为当事人服务的重要。仲裁法规定，仲裁委办案的原则是"根据事实，符合法律规定，公平合理地解决纠纷"。这个规定，明确了与法院办案原则的不同，体现了仲裁的本质特色和要求。仲裁法律制度形成的仲裁文化，充分体现了以人为本的思想，是仲裁的魅力所在。江晓华平等公正地对待当事人，以维护双方当事人合法权益为己任。在庭审中，他不仅清楚地知晓庭审程序，还会耐心地引导双方当事人了解自己的权利和义务，向他们讲解法律规则，化解双方当事人的情绪焦虑，避免双方当事人矛盾激化。他的努力不仅使庭审程序进行得更顺利，而且常常一场庭审下来，当事人双方就已经握手言和了。他把办理每一宗案件都变成宣传推广法律制度和仲裁制度的过程，他的公正、诚恳和耐心，使各方当事人都能心悦诚服地接受仲裁结果。

"公平公正是仲裁的生命线，更意味着一种社会责任。"这是江晓华常挂在嘴边的一句话。近几年，伴随经济的快速发展，各种深层次的社会矛盾逐渐凸显，一些重大涉法案件不断发生。作为惠州仲裁委员会一名资深的仲裁员，江晓华积极参加一系列重大疑难案件的调解处理，化解双方矛盾、维护社会稳定。

在仲裁工作中，江晓华遇到过各式各样的人，碰到过形形色色的事，有政府高官电话来施压的，有企业老板想用金钱贿赂的，有黑社会人员向他撂狠话的，有哭啼着不时上门来骚扰的……种种压力，江晓华都顶住了，因为在他的心中永远悬挂着"惠州仲裁委员会会徽",圆形的会徽里有一座天平,如果说天平象征着法治,那么天平的两端应该是公平和正义。"我愿做一名仲裁天平的守护者!"江晓华认为,通过仲裁解决社会矛盾是一种非常好的方式。原因有很多:仲裁实行一裁终审,解决争议快捷、及时;仲裁程序比较简便、方式灵活,效率高;仲裁不公开进行,能够为当事人保守秘密;仲裁尊重当事人的意愿,当事人可以自主选择仲裁机构和仲裁员;仲裁实行专家办案,办案质量高;仲裁裁决执行有保障,可以在世界范围内得到承认和执行……

"每当我通过仲裁方式解决一起纠纷,就会觉得很有成就感。"江晓华说,仲裁的灵魂是"客观、公正",作为仲裁员要牢固树立底线意识,不断强化自身建设,严格遵守仲裁规则,本着客观公正的立场对待每一起案件,不断提高仲裁工作质量,从每一起案件做起,确保仲裁公平公正,进一步提高仲裁工作生命力和公信力。他坚持"为大局服务,为当事人服务"的宗旨,坚持"为民仲裁"的理念,让当事人真正感觉到仲裁有别于其他法律手段的"亲和力",发扬中国人"以和为贵"的思想,引导当事人客观理性对待事实,自觉接受仲裁庭的调解,让双方在仲裁庭的调解下握手言和,有效地平息纠纷,友好化解矛盾。他说:"仲裁是一项朝阳事业,有着广阔的发展前景,推行仲裁法律制度,发展仲裁事业,是社会主义市场经济的现实要求,也是构建和谐社会的重要手段,更是新的时代历史赋予仲裁工作者的神圣使命。"

江晓华以认真严谨的态度办理每一个仲裁案件,坚持以事实为依据、以法律为准绳的办案原则,尊重事实真相,遵守职业操守,做到中立、无私、公正的裁决,深得当事人信任和社会各界人士的赞扬。他二十多年来独立办理或担任首席仲裁员办理系列重大疑难的民商事案件,化解了民间矛盾,促进了社会和谐。由于表现突出,2004 年,江晓华被评为"全国优秀仲裁员"。

第十一章

领军律协，被誉为『惠州律师行业这艘大船的压舱石』。

各行各业都有一个管理组织，律师行业也有。惠州市律师协会成立于1993年8月，是依据《中华人民共和国律师法》《中华全国律师协会章程》成立的具有独立法人资格的社会团体，受惠州市司法局的指导和监督，是律师的行业自律性组织，依法履行对全市律师事务所和执业律师的管理。它的宗旨就是维护宪法和法律的尊严，忠实于律师事业，恪守律师职业道德和执业纪律；提高律师的执业素质；维护律师和律师事务所的合法权益；加强行业自律，促进律师事业的健康发展，为依法治国，建设社会主义法治国家，促进社会的文明和进步而奋斗。2003年，随着律师体制改革快速向纵深发展，过去过多的行政管理给律师业带来的直接后果是司法行政要管而管不好，而律师协会该管却没法管。健全、发达的行业管理是律师业健康发展和实现律师自治的前提，而彻底的"两分开"是明确行业管理职能的基础，也是解决律师行业管理诸多问题的前提。惠州市第三届律师协会在市司法局的大力支持和帮助下，积极建立和完善"两结合"体制，切实担负起行业管理的重任，对律师协会进行了调整，改由社会执业律师担任会长，律师协会领导成员全部由执业律师担任，行政领导干部彻底退出律师协会领导职务。

江晓华出色的业务才能、刚正不阿的人格品质、锐意进取的奋斗精神和骄人的工作业绩，赢得了惠州市律师界同仁的普遍信任和爱戴。2003年10月25日，江晓华当选为第三届惠州市律师协会会长，是惠州市第一个作为社会执业律师担任会长职务。

在担任这个重任之前，江晓华也有过一番思想斗争。他想，要是干出了成绩，律师会说这是应该的，你是律师协会的会长，你是领导！假若工作出现差错，律师协会工作没有起色，律师们可能都会指责你，你这个会长怎么当的？况且，这个会长是兼职的，只是尽义务而已。自己在律师事务所还有一大摊子工作要做，不能影响所内的律师工作。律师的收入又同个人效益挂钩，去担任律师协会会长，必然要挤出许多时间，花费许多心血，势必影响自己的办案效率，减少个人经济收入。可江晓华毕竟是从体制内走出来的中共党员，有很高的思想觉悟。他爱岗敬业，责任感和使命感促使他自觉地战胜了私人杂念，勇敢地挑起了领导惠州律师协会的担子。他决心不辜负组织和全市律师对自己的殷切期望，高度负责地投入领导惠州市律师协会的工作中。他以身作则，率先垂范，积极履行职责：开展各种学习活动，提高律师队伍整体素质；加强党委建设，增强党的凝聚力；改革和完善组织建设，规范律师管理；加强宣传工作力度，提升律师的社会形象；积极开展对外交流工作，促进律师业发展；积极配合惠州市司法局开展全市律师队伍集中教育整顿活动……

"在惠州市律协会长的位置上，我深感肩上的责任和重担。律师协会不同于一般的协会，在这个队伍里面都是一些精英，要有一个正确的引领，我作为会长，是一个领头羊，一个领军人物，自己的一举一动都会影响到下面的律师。"江晓华在接受一个国家级媒体采访时表示，"律师协会要做好引领工作，引导律师朝着一个正确的方向走。在协会成员建设上，注重把那些执业技能扎实、操守良好、形象端正的律师吸收进来。同时积极以社团的影响力，去优化律师业生态，塑造律师业形象，净化行业风气，成为当地代表公平正义、促进社会稳定的一支重要力量。"江晓华一路走来，不仅为自己的当事人争取合法权益，同时也积极承担着自己的社会责任，带动着其他律师，带动着自己的同人们朝着更好的方向去发展。

江晓华平易近人，没有会长架子，善于团结同志，调动律师协会理事和律师协会办事机构人员的工作积极性。他十分重视律师协会的班子建设，注重凝聚班子的人心，发挥班子的集体智慧。他从不把个人的意见凌驾于组织之上，总是发扬民主，广泛听取大家的意见，发挥群众的智慧，群策群力。因此，律师协会形成的决策，全体理事都能自觉执行，工作不打折扣，起到了事半功倍的效果。他带领全体律师充分发挥律师服务功能，自觉遵纪守法，严于律己，积极树立人民律师的良好形象。

惠州市律师协会成了惠州律师个联系、沟通、协调的一个良好平台，大家都非常信任江晓华会长。有了大家的支持和信任，江晓华领导的律师协会的工作也得心应手。同时，他也积极主动地向惠州市司法局领导汇报律师协会工作，提出律师协会的工作思路，主动征求惠州市司法局领导的意见建议，争取惠州市司法局领导对律师协会工作的支持。惠州市律师协会在广东省律师协会和惠州市司法局的正确指导下，在各律师事务所和律师的大力支持配合下，坚持党的基本路线，遵守宪法、法律和法规，坚持为社会主义服务，为人民服务的方向，不断加强律师队伍党的建设、职业道德建设和业务建设，努力提高律师的职业道德水准和业务素质，大力拓展律师的法律服务领域和服务功能，全面规范律师执业行为，建立律师执业诚信体系，进一步探索和改革律师管理制度，优化律师执业环境，维护律师合法权益。

江晓华在惠州市律师协会担任领导工作期间，坚持勤俭办公，反对铺张浪费，许多费用，他宁愿拿回自己的律师事务所来报销。

因方法对路，管理得力，惠州市律师协会工作取得了显著成绩。2004年，惠州市律师协会被中共惠州市委宣传部、惠州市民政局、惠州市社会科学界联合会评为"惠州市2003年-2004年度先进社会科学界社团"；2005年，惠州市律师协会党委被广东省律师协会党委评为"先进党组织"；2006年8月，惠州市律师协会被全国大中城市社科联工作会议主席团授予"2004—2006年度全国大中城市社科联系统先进学会"；2008年1月，被广东省社科联授予"广东省社会科学普及示范基地"称号，而江晓华律师也被广东省律协授予"行业管理突出贡献奖"；2008年10月12日，江晓华被中华全国律师协会授予"全国优秀律师"荣誉称号。

江晓华连续两届当选为惠州市律师协会会长。从2013年开始，又两届当选为惠州市律师协会的监事长，获得了无数的荣誉。一位司法系统的领导在一次律师大会上高度评价江晓华是"惠州律师行业"这艘大船的压舱石！可面对这些荣誉，江晓华认为，荣誉只能代表过去，不能代表明天，今后只有坚持努力工作，才能对得起大家的信任和期望。比起所获得的荣誉和奖杯，江晓华更注重的是群众的"口啤"。是啊，"金杯银杯不如老百姓的口碑，金奖银奖不如老百姓的夸奖"。有形之碑，固然可以广而告之，昭示天下；而弥足珍贵、真正能够流芳百世的，还是老百姓的口碑。当所有的喧嚣过后，尘埃落定，真正能够被历史铭记的，是那些利国家、顺民意、济苍生的人和事。

第十二章

以德服人，笃行技精，麾下人才济济，律所日益壮大，战斗力如日中天。

　　我国律师制度恢复后，在中央正确路线的指引下，律师从业人员解放思想，放下包袱，轻装上阵，发挥聪明才智，为建设社会主义法制社会做出了重要的贡献，律师的作用逐渐被社会认可，律师的社会地位也获得显著提高。律师工作相对自由，收入相对较高，律师一下子成了"香馍馍"，做律师成了令人向往的一份职业。因此，许多青年争着参加司法、律师考试，以求获取律师资格，新的律师每年都在不断增加，律师队伍也迅速壮大。

　　"考取律师从业资格不难，我们广东现在就有三万多名律师，可要做一名受人民尊敬和爱戴的优秀律师却很难。"江晓华说，"为经济社会发展服务，是律师工作的职责和价值所在。我国的经济社会在快速发展，人们的法律需求也在与日俱增，对律师的要求也越来越高。做一名优秀的律师不仅需要掌握娴熟的法律知识和善于驾驭法律的能力，而且必须先学会做人，忠于法律的坚定的政治品质和对事业高度负责的思想觉悟，忠于律师的职业道德和操守，这要求律师从业人员日积月累的努力，不可能一步登天。靠炮制伪证，靠投机取巧，靠不正当竞争，靠欺骗是行不通的，而且到头来必然要摔跟斗。我现在除了自己要不断学习，我还想尽力多帮助一些年轻律师成长。"江晓华为了我国的律师事业，毫无私心，热忱地培养年轻人，对新进事务所的年轻律师，给予重点帮助，采取交案件、教办法、共同研究案件、共同出庭，以手把手的形式帮助年轻律师提高办案水平，积累办案经验。

　　一所律师事务所想要在优胜劣汰的激烈竞争中不落于人后，靠的是优秀律师作支撑。同样，优秀律师想要在芸芸众生中出人头地，就少不了依靠一个有发展潜力的律师事务所作为平台。没有优秀的律师资源做储备，律师事务所也就丧失了尤为关键的一项竞争力；没有广阔的平台提供机会，优秀律师即便是有回天之术，也无处施展。二者是相互依存，彼此共生的关系。随着广东宝晟律师事务所的规模不断扩充，许多律师纷纷投入江晓华麾下。队伍不断壮大，这既显示了江晓华的威望，也显示了他高超的组织管理才能。他的才华、他的品格，在律师这个工作领域中得到了淋漓尽致的展示，成了惠州市律师界的一位成绩卓著、富有影响的领军人物。许多年轻律师考取律师资格证后，纷纷选择了他，他们觉得跟江晓华律师有希望。他们自觉团结在江晓华的周围，他们敬重江晓华的才能和胆识，敬重江晓华的优秀品质，敬重江晓华对律师事业的热忱。人格魅力是领导艺术的集中体现，领导者应以"德"服人。所谓"德"就是品德、品质，也就是一个人的个人魅力。在广东宝晟律师事务所，不管是事务所的律师，还是事务所的客户，在大家心里，江晓华一直充满着独特的个人魅力，他们十分高兴地在江晓华领导下的律师事务所落脚，共同开创律师事业。广东宝晟律师事务所由此聚集了一批有才华的年轻律师，他们为所里律师队伍注入了新鲜的血液，壮大了律师队伍。

如今，江晓华已经到了退休年龄，虽然一些大案要案，他还会亲自上阵，但一些普通的案件，他就会把机会让给年轻人。他明白，律师事业要发展，得依靠年轻律师。他把律师事业的发展寄希望于年轻律师。

江晓华认为，要带好一个团队，必须要有一个好的领队，团队一个好不是管出来的，而是"关心"出来的。

江晓华深知每位律师特长不同，爱好不同，只有充分发挥他们的特长，鼓励和帮助他们发展个人爱好，才能充分调动每位律师的工作积极性。

"知人善任"是江晓华的另一种领导魅力。哪位律师掌握的法律知识如何，有什么特长，有什么兴趣爱好，适合做什么工作，能挑什么担子，他都了如指掌。他在分配工作中，尽量避开律师的短处，扬其所长，发挥每位律师的积极作用，有效提高了所里律师的战斗力。在江晓华的正确领导下，不同类型和特长的律师迅速成长起来，大大助推了所里律师的专业化发展，增强了所里律师队伍的战斗力，律师办案的质量也得到明显提高。

一滴水可以折射出太阳的光辉。下面，江晓华与同事江迪彪、徒弟温晓文的故事折射出的就是他亮丽的光辉，高尚的品质。

## 同舟悍将 携手共进

2020 年 7 月 31 日，为深入贯彻习近平总书记关于退役军人工作的重要指示精神，选树退役军人典型，讲好退役军人故事，展现退役军人风采，进一步激发广大退役军人的荣誉感、责任感、使命感，中共广东省委宣传部、广东省退役军人事务厅、广东省军区政治工作局联合举办首届"广东最美退役军人"先进事迹的发布仪式引起强烈反响，其中一位曾参加对越防御作战的执业律师尤为抢眼，他就是江迪彪。

江迪彪律师是广东宝晟律师事务所高级合伙人，副主任，高级律师，已担任执业律师 26 年。江迪彪原是广西边防法卡山前线一名军人，退役后先是进入韶关一家国有企业工作。热爱法律的他，边工作边学习，先后就读于四川大学法学专业、西南政法大学民商法专业。1993 年，他成功考取了律师资格证，人生又因这一次拼搏而更上一层楼。1995 年，他调入惠州市惠城区司法局一律师事务所工作。因工作关系，江迪彪结识了江晓华。也许是"同姓三分亲"，江迪彪与江晓华一见如故，他十分敬佩江晓华辞去公职，敢为天下先创办了惠州第一家民办律师事务所，同时也非常看好"广东宝晟律师事务"这个良好的发展平台，于是几经思考，也决意辞去公职，加入江晓华的律师团队。

领导对江迪彪的辞职表示理解，鼓励地说道：像你这样有正义感，又能吃苦的人，干什么都能干好，一定会很有前途，去吧！

江迪彪独有的阳光、坦诚、热忱的表现和勇于进取的性情，深得江晓华赏识。江晓华对他的加入很是高兴，亲切地说道："阿彪，欢迎你的加入，在宝晟律师事务所，你一定会成功的！"他们两人一拍即合，建立了长期友好的同事关系。之后的合作中，江迪彪被江晓华高尚的人格魅力深深折服。他说："江主任的人格魅力，不只因为他拥有睿智的头脑，出类拔萃的法律知识，他亦有宽容善良的性情，胸怀宽广，以及助人为乐的高尚品行。在他的身上，充满着巨大的能量，蕴藏着无尽的厚道，闪耀着人性光辉。"

江迪彪遇到一些重大案件，他都会向江晓华请教。他曾经办理一起受贿案件，案件疑犯是某市一位厅级干部，涉案金额特别巨大。因为涉案是一个高官，涉案金额大，江迪彪接下这个案子，感到压力很大。此案除了财物受贿外，起诉材料还有一个关键点就是"感情投资"型受贿。

商人蔡某为了将来在投资发展的时候，让某市委副书记金某可以介绍一些投资项目和其他的领导给他，主动靠近和讨好金某，累计送给金某现金近10万元。然而，蔡某自始至终，并没有从金某那里谋取不正当利益。

这是江迪彪以前没有接触过的一个全新类型受贿案件。

从构成要件结构上来看，成立受贿罪，需要具备以下三个基本要素：财物的给予或收受；职务行为；财物与职务行为之间的对价关系。由此可见，权钱交易的对价关系，是贿赂犯罪构成要件的核心特征。只有那些能与职务行为之间形成对价关系的财物，才称得上是"贿赂"；财物与职务行为之间不存在对价关系的，不属于"贿赂"，相关行为也不构成贿赂犯罪（包括受贿罪和行贿罪）。而以"感情投资"的形式出现，会致使对价关系模糊化。所谓"感情投资"型受贿，就是指一方先通过利益输送，与国家工作人员建立起感情关系，而相隔较长的时间距离之后，再向国家工作人员提出请托事项，但并不附随财物给予，由此形成财物与职务行为的时空隔离，造成两者无关的印象。表面上看起来，这似乎意味着，国家工作人员利用职务便利为请托人谋取利益，完全是出于纯粹的感情关系而非收取了财物对价。这些情形的出现，使得先前关于权钱交易的对价关系的认定，变得不那么容易甚至出现了一些困难。

　　江晓华从江迪彪那里了解到案情后，建议他从涉案人员是否故意遮蔽、掩饰甚至弱化直接的对价关系这个思路来办案。江迪彪听从了江晓华的建议，由此入手。根据 2012 年 12 月 26 日最高人民法院、最高人民检察院颁布的《关于办理行贿刑事案件具体应用法律若干问题的解释》第十二条规定，行贿犯罪中的"谋取不正当利益"，是指行贿人谋取的利益违反法律、法规、规章、政策规定，或者要求国家工作人员违反法律、法规、规章、政策、行业规范的规定，为自己提供帮助或者方便条件。基于上述司法解释可知，并不是只要向国家工作人员提供了财物就有"为谋取不正当利益"的主观故意，而应当是在向国家工作人员提供了财物时，行贿人就希望该国家工作人员为其谋取违反法律、法规、政策、规章的利益。所以，在认定行贿罪时，行贿人是否确实"为谋取不正当利益"而提供财物，这一点是认定罪与非罪的关键。但是在这个案件中，恰恰没有证据能证明蔡某具有"谋取不正当利益"的主观故意。从蔡某的供述来看，蔡某的目的是为了日后能够获得投资机会，而金某也供述，"他送些钱给我，是因为他看在我职务和影响力，想通过这种方式来跟他交朋友，作为一种感情投资，进一步搞好关系，以便我能在他需要的时候为他提供帮助"，这与蔡某的供述相似，双方之间就只是为了加深感情、搞好关系而发生的礼金送往。蔡某虽然向金某提供了财物，但是蔡某并没有具体的请托事项，金某收受了财物，但并没有实施为蔡某谋取利益的客观行为。他们这类"感情投资"，虽然不是一种好的社会风气，但是在本质上，双方是不存在行贿、受贿的主观故意，也不存在权钱交易的意图。江迪彪以蔡某向金某提供财物的行为只是不正之风，其与行贿受贿是有清晰界限的，他们没有具体的请托事项，主观上也不具有"谋取不正当利益"的意图，故此不能认定为行贿受贿来进行辩护，并取得了很好的效果。最终法院认为金某犯受贿罪，但这部分的金额属于犯罪事实不清、证据不足，不应当计算在受贿总数额中，应于减除。

　　在江晓华的影响下，江迪彪一直热心公益事业，以维护社会公平、正义为己任，为创建社会和谐、稳定积极奉献。自 1999 年起，江迪彪先后担任惠州市多所学校的法制副校长、校外法律辅导员、法律顾问，并向行政部门提出普及学校聘请法律顾问的建议，这在惠州均属首例。江迪彪在担任惠州市第七中学法律顾问期间，一直兢兢业业，无私奉献，义务服务，未收取分文报酬，当学校有经费支付法律顾问的费用时，江迪彪却将每年学校聘用其为法律顾问的费用无偿捐献给学校，成立"江迪彪律师奖学金"，用于学校表彰"遵纪守法"好少年评选活动中涌现的先进典型。江迪彪充分发挥律师专业优势和积极作用，参与惠州市多所学校章程的制定和修订，学校法治特色文化的建设，定期开展法治专题讲座，热心为学校教师、学生和家长提供专业的法律服务，不断地探索学校法治教育的新路径，让惠州的法治教育结下丰硕的果实。他还二十年如一日坚持以自己的法律专长服务驻军、武警、退伍老兵、服务未成年人、群众、服务社会，免费为官兵提供法律咨询 1300 多人次，义务为部队开展法律讲座 170 多场，赠送法律书刊近万册。

江迪彪积极参加法律公益和援助活动，得到了党委、政府部门及政法机关和当地驻军、学校、广大人民群众的高度评价，先后被司法部评为"全国法律援助先进个人""司法部律师行业创先争优党员律师标兵"，2018 年中共广东省律师行业委授予"全省律师行业优秀党员"称号，被驻军授予"拥军模范律师""情系国防拥军先进个人""法援先锋"等称号。

江晓华对江迪彪的公益行动十分赞赏，不仅在精神上鼓励他，还出钱又出力地支持他。2016 年，江迪彪因工作突出，被授予"广东省五一劳动奖章"，江晓华很替他高兴，在市总工会的支持下，协助他创办"江迪彪劳模创新工作室"，推荐律师事务所的中坚力量和党员骨干律师加入工作室，充分发挥劳动模范的示范引领作用，调动广大律师的积极性。

## 师徒情深 衣钵相传

在惠州，有一片非常火热的土地，那就是"大亚湾区"。这是一个国家级的"经济技术开发区"，于1993年5月经国务院批准成立，辖陆地面积293平方公里，海域面积1300平方公里，西接深圳，陆路距香港60公里，拥有良好的投资营商环境和城市依托，是珠三角东岸地区唯一的石油化工基地，中海壳牌南海石化、广东LNG惠州电厂、中海油惠州石化有限公司、比亚迪以及华德石化原油库等一批大项目已先后落户建设，是惠州市目前经济发展最强劲的地方。

2018年夏，广东宝晟（大亚湾）律师事务所在大亚湾西区一个商务大厦中成立。这个拥有上千平方米，办公面积的律师事务所，装饰华丽而庄重，律师办公室宽敞而气派。更令人称奇的是这里的负责人竟是一位三十来岁的年轻人——温晓文律师，江晓华的得意徒弟。

温晓文毕业于深圳大学法学专业，他在2009年通过国家司法考试后，于2010年正式步入律师行业。作为一名律师新人，由于缺乏办案经验，在工作中遇到了不少的困难，温晓文心中充满了困惑与彷徨，这与其想象中的律师行业是天壤之别的，需要处理的事情复杂烦琐，对于接待当事人也是毫无经验，经常会受到当事人的责怪，法院的相关流程也不熟悉，常常一份文件都需要修改调整几次，而且律师实习期的收入也是不尽人意，这与其心目中的"高大上"职业完全不能够相提并论。2013年，恰逢广东宝晟律师事务所20周年庆，温晓文在亲戚的引荐下有幸参加了宝晟律师事务所20周年庆祝晚宴。在这次晚宴上，温晓文律师感受到了宝晟律师事务所团队融洽的气氛，更是被宝晟律师事务所江晓华主任的独特气质所吸引。通过这次晚宴，温晓文律师了解到眼前的这位江晓华主任在律师界德高望重，曾任惠州市律师协会第三届、第四届会长，是全国优秀律师，代理了多起轰动全国的案件，在惠州律师界闻名遐迩。顿时，温晓文找到了自己前进的方向，不再对律师行业感到彷徨，认识到以后要走的路，江晓华主任就是自己的领路人！晚宴结束后，温晓文一再要求亲戚向江晓华引荐自己，希望能够获得向江晓华学习的机会。幸运的是，江晓华同意接受眼前这个有慧根，有才气，有悟性的年轻人，给予了他宝贵的机会。2013年，温晓文正式加入了宝晟律师事务所这一大家庭，并成为江晓华的徒弟。

"在做事之前要先学会做人，品行不端正，哪怕业务再精通，总有一天也会出问题。一个人的自身品行都不端正，如何保障当事人的权益，如何争取公平正义，如何为正义发声呢？只有我们提升自己的内在修养，堂堂正正做人，实实在在做事，这样才能一身正气，为正义发声，保障当事人的合法权益。"这是温晓文跟师父江晓华学习的第一课，也是一门终生都受益匪浅的课。江晓华不仅这样严格要求自己，为徒弟们树立榜样，并要求每一位徒弟都必须做到，绝不含糊，因为这是一个律师的先决和必备条件。这一理念深深地影响了温晓文，现在大亚湾分所招聘人员及接受新律师加入的第一个先决条件就是考核人品，人品不行，律所一个也不会接收。

"五年学徒，八年技术工，十年出师"。这是江晓华给温晓文上的第二课，意思是律师这一行业必须沉下心来好好学习，戒骄戒躁，律师的前五年都是学徒工，这前五年先把自己的基础打好，执业八年后，就是一名技术工，此时对于律师行业已经掌握得比较专业，能够处理很多问题，但是还需要沉住气不断提升自己内在的修养，有自己的风格，当执业十年的时候，就可以正式出师毕业了。

在日常的工作当中，江晓华对徒弟温晓文更是严格要求：做一名律师，首先要端正自己的态度，必须对工作认真负责。做律师是一项很有使命感的职业，当事人把案件交付于律师，等于把自己的全部希望都托付给了律师，律师只有对工作认真负责，精益求精，不断深化学习，提升自己的法律专业知识，才能更好地保障当事人的权益，才能不辜负当事人的信任。温晓文记得刚刚开始跟师父江晓华学习的时候，师父给他提了两点要求：一是认真，二是细心。师父告诫他，专业可以慢慢通过后天的学习以及社会的阅历进行提高，但是工作态度从一开始就决定了以后的道路，如果一开始工作态度没有端正好，往后是不可能取得好成绩的。而细节往往能够决定成败，只有细心，才能发现案件的关键点，才能更好地把握案件。

在专业上，江晓华对温晓文的要求也是精益求精，他们代理的每一个案件，无论案件大小，无论事情复杂与否，只要当事人委托，江晓华都会认真研究，对于温晓文写的材料认真审核，一字一句修改。江晓华要求温晓文对每一个案件都要分析研究透彻，要反复推敲。在庭审前，江晓华会让温晓文把案件相关的材料制作成书面形式，以便庭审的顺利进行，节约庭审时间。庭审时，江晓华会要求温晓文尽量脱稿发言，只有把案件研究透彻，才能直击要点，在最短的时间内让法官从内心上来确信，从而采纳辩护人的意见。江晓华说，目前有太多的律师都是照着稿子念，这样会给法官留下不好的印象。

江晓华执业三十多年来始终如一，一身正气，坚持为正义发声。他经常教导温晓文，律师要敢于为事实说话，敢于为正义发声，只有做到自己作风正气，品行端正，才能敢于为事实发声，为正义发声，才能做人做事有底气，不畏惧艰难和阻力。只有坚持正义，坚信公证，才能最大限度地保障和维护当事人的合法权益，这样，无论将来走到哪里都不怕一切阻力，才能受人尊重。

江晓华的教诲，温晓文都一一记在心上。在和师父江晓华合作的一个港资企业老板的案子中，让他对于为"正义"发声有了更深一层的认识。

香港人王耀良（化名）于1993年在深圳市龙岗区布吉工业城开办了一间绳带有限公司。他手下有位员工叫柯雨（化名），为人精明能干，头脑灵活，深得他的喜爱，便有意把他作为重点培养对象。柯雨投桃报李，便拜王耀良为师，跟他学习技术。王耀良见他勤奋好学，也乐意收他为徒，并积极鼓励他创业。在柯雨创业之初，因为没有客户，王耀良为他介绍客户，还把自己公司的业务也提供给其徒弟，对其经济上进行帮助。后因深圳市政策原因以及在柯雨的邀请下，王耀良同意将深圳的绳带公司搬迁至柯雨推荐的惠州梅湖工业区内。因王耀良是香港人，为避免外资申报和审批的烦琐流程以及考虑到厂房的尽快经营，王耀良便通过借用柯雨的名义在惠州开办绳带公司，还签订了一份《合作协议》，协议明确约定公司权属属于王耀良所有，柯雨进行管理，利润按照六四分成。基于对徒弟的信任，王耀良倾尽自己的所有，把自己在深圳厂房的所有设备、原材料搬迁至惠州，先后给柯雨汇入投资款，甚至将香港的房产抵押，购买了五货柜的原材料，使得在惠州新开的绳带公司得以顺利运营，同时，王耀良也把自己原先在深圳的所有客户资源也全部引入到惠州公司。不料，柯雨竟然利欲熏心，背信弃义，强行将师父王耀良以他名义登记的所有厂房设备和资金占为己有，且对外说惠州公司与王耀良没有任何关系，上演现实版"农夫和蛇"的故事。

人财两空的王耀良悲痛欲绝，真没想到自己真诚以待的徒弟竟然是一只"白眼狼"，希望能够通过法律途径夺回自己的资产，可是他转辗找了多位律师，皆因自己当初的草率和对徒弟的信任，导致自己身无分文，并在证据上又没有十足把握，最后都没什么效果。基于对法律的无知以及对于内地法律的不信任，再加上家庭子女对于其抵押房产投资的行为不断指责，王耀良面临崩溃，痛苦得几度想轻生，幸得家人一直守护在身旁，才防止悲剧进一步发生。在惠州举目无亲，心情极度沮丧的王耀良经其好朋友引荐认识了江晓华。江晓华听了王耀良的悲惨遭遇，气得拍案而起："世上怎会有如此无耻之徒？"当即表示一定会替王耀良主持公道。江晓华拉上自己的徒弟温晓文一起来代理王耀良这个案件。不久，在惠州市中级人民法院和广东省高级人民法院的法庭上，两对均拥有特殊关系的师徒同时出庭了！

对柯雨这种忘恩负义之徒，温晓文亦是极度鄙夷，他在师父江晓华的指导下，想尽办法力证王耀良已经按照他们签订的《合作协议》的约定履行了全部义务，但柯雨却未按《合作协议》的约定履行自身义务，导致王耀良不能实现合同目的，依法应当返还王耀良投资款。温晓文在法庭上提交了王耀良师徒签订的《合作协议》和王耀良为了履行协议的内容，多次向柯雨汇入投资款项的汇款明细表，并且找到了王耀良为惠州绳带公司租赁厂房、招聘人员、发放员工工资及交付房租和水电等费用的有力人证和物证，证明了王耀良一直负责租地建厂、购买设备、招聘人员及生产运营、日常开销等事实。

从《合作协议》的约定可以证实，王耀良与柯雨双方的合作方式为：由王耀良投资办厂，由柯雨负责经营管理，利润40%作为柯雨的报酬，厂房及公司的全部资产收益均归王耀良所有。王耀良已经依照《合作协议》履行了自身应尽的全部义务，作为惠州绳带公司的隐名股东以及唯一投资人，依法应当享有公司的全部权利。但是柯雨却在管理过程中，未尽到其应尽义务以及合理的经营管理责任，且将公司占为己有，其行为已经损害了王耀良作为隐名股东及投资人应当享有的权益，构成根本性违约。柯雨还利用其管理便利及人脉资源迫使王耀良离开惠州绳带公司，并实际控制该公司的经营管理以及公司资产，导致王耀良投入的合法财产及公司的经营权益均被柯雨所占有。鉴于柯雨上述违约行为，根据《中华人民共和国合同法》第九十四条以及第九十七条的规定，王耀良与柯雪签订的《合作协议》依法应当予以解除，柯雨应当退还王耀良投资款。

江晓华和温晓文师徒掌握了大量的、充分的法律依据，法院最终对其主张的事实予以确认，判决：一、解除王耀良与柯雨签订的《合作协议》；二、柯雨应予判决发生法律效力之日起七日内向王耀良返还投资款……

王耀良在接到胜诉判决书时，一手拉住江晓华，一手拉住温晓文，感激涕零，泣不成声。当他得知江晓华和温晓文也是师徒关系时，那颗曾经冰封的心又熟络起来，眼中满是羡慕，连声感叹道："今生能做师徒是前世修来的缘分，你们一定要好好珍惜啊！"正是江晓华坚持为正义发声，让这位70多岁的港商重新恢复了在大陆投资的信心，对大陆的法律有了新的认识。

江晓华对徒弟温晓文的栽培和扶持，胜于任何人。他给予温晓文如父亲般的关爱，如兄长般的呵护。2017年，广东宝晟律师事务所合伙人计划设立分所。合伙人之中对于分所的选址、选派人员均有不同的声音。就在这个时候，江晓华力推徒弟温晓文去挑这个担子。温晓文对自己是否有能力创办分所犹豫不决。江晓华鼓励他说："今年你 33 岁，如果你现在不去尝试，再过几年，等你稳定了，你就不会再有这样的冲劲，也不敢再去闯了，年轻人趁着自己的年轻，要敢想敢拼，失败了也不要紧，也是生活的一种历练，这样人生才能够没有遗憾。一个优秀的律师，终究是要有自己的事业！"在江晓华心中，充满挑战的人生是充实而丰盈的，人一辈子不会因为你做过什么而后悔，而会因为你没做什么事而后悔。在师父的鼓励下，温晓文便不再犹豫，向广东宝晟律师事务的全体合伙人提出了创办分所的申请。但是许多合伙人都对年轻的温晓文能否胜任一个分所负责人持怀疑态度，毕竟在场的每一位合伙人都是需要承担无限连带责任的。江晓华第一个出来表态支持，同时为了打消合伙人的疑虑，江晓华冒着巨大压力甚至风险，毅然开创了一个先例，为徒弟签署了一份《举荐人承诺书》：举荐温晓文担任广东宝晟律师事务所大亚湾分所负责人，并向全体合伙人郑重承诺：切实履行监督管理职责，确保分所设立及经营过程遵守法律法规、执业规范及总所制度，如大亚湾分所在经营过程中产生任何法律责任，包括但不限于行政处罚、民事赔偿等，愿意以自己名下全部财产作担保，与温晓文向全体合伙人承担连带赔偿责任。

"师父为了栽培我，那是押上了自己的全副身家啊！"温晓文每每提到师父江晓华为自己签订的《举荐人承诺书》就感激万分。有师父作为自己坚强的后盾，温晓文信心大增，毅然挑起创办"广东宝晟（大亚湾）律师所"的重担。

分所的申报、装修、开业、运营，江晓华在每一个环节都全程参与，一点一滴，手把手的教导，给予了徒弟最大的帮助。在江晓华的支持和指导下，2018 年 3 月，广东宝晟（大亚湾）律师事务所正式成立。

江晓华的谆谆教导和精心栽培，让温晓文明白了一个真正律师的含义。

真正的律师，似澄澈见底的潺潺清流，如通体透明的光泽水晶：真实的人，表里如一，道德崇高，事事处处体现着人格的完善与优美。

真正的律师，必有赤子之心：纯正善良，扶弱济危；绝不勾串赃官，奔走豪门，奴颜婢膝；绝不见利忘义，礼拜赵公元帅，结缘市侩，徇私舞弊；要自始至终与人民大众走在一起。

真正的律师，实是一团火，从点燃到熄灭，持续放着光，散着热；专业高超，仗义执言，义无反顾。

"江主任是一位好老师，对我们年轻律师在业务上、人品上不断教导，让我们能够不断提升。江主任对我们有着父辈般的关怀，在生活上、事业上给予我们最大的鼓励和帮助，为我们遮风挡雨。同时江主任还是我们的知己，在我们需要倾诉时，在遇到困难时，在停滞不前时，总是在身旁为我们指点方向，耐心地陪伴我们一路前行……"温晓文每每说起自己的师父江晓华，总是充满着骄傲和自豪。

第十三章

法律援助，是为民请命的良心，是道义担当的旗帜，是律师职业的情感地带。

对于社会上很多普通人而言，法律咨询和诉讼动辄成千上万的费用，是一道他们无法逾越的"门槛"，而通过公共法律服务，他们则可以顺利地轻松跨过这道"门槛"，沐浴法治社会的光芒。公共法律服务的生命在于"公共"，简单来说，公共法律服务就是指由司法行政机关牵头，通过政府购买或公益的形式针对最广大的人民群众，统筹推进涵盖司法行政业务的各项法律服务工作，包括律师、公证、司法鉴定、法律援助、人民调解、监狱、戒毒、社区矫正等。此举意味着，对于基层百姓而言，法律离他们不再遥不可及，而是抬头能见、举手能及。

怀揣着一颗"为民请命"热心的江晓华，在创办律师事务所伊始，就已经开始了公共法律服务的探索和尝试。二十多年来，江晓华始终坚持公共法律服务建设，时常带领本所律师举办义务法律咨询，免费送法下乡、进军营、进校园，为部队官兵、学校师生等单位进行法制宣讲、法律咨询，免费代理村民的法律纠纷案件，为基层困难群众提供法律帮助，让经济困难请不起律师的弱势群体也可以享受到律师的服务，体会到法治的公平正义。江晓华说："我们是最早出来从事律师职业的一批律师，第一批创办律师事务所的律师，从律师制度改革中获益良多，我们感恩这个国家、这个社会，因此我们就要有责任、有担当，力所能及地回馈这个社会。并且在我通往律师的路上有太多值得感激的人，他们曾经伸出援助之手让我感受到了社会带给我的温暖，所以我一定要将这份爱心传递，用所学的法律知识回报社会。当看到一些不公平的现象，看到一些贫困群众的现状，就觉得自己有一份责任，应该伸出援手。自党的十八大以来，随着法治建设的不断深入，公共法律服务也从'青涩'逐渐走向了'成熟'。而今，在覆盖面上已经基本趋于完善，这令我十分欣慰。"

但同时，江晓华也认为，由于近年来社会经济结构和社会风气发生了很大的改变，基层百姓，对于公共法律服务的需求也产生了很多新的变化。相对应的，面对新变化，公共法律服务中一些新的问题和短板也逐渐凸显，这需要更多的法律工作者去思考和探索。

律师是依靠法律服务来生存的，根据各种法律服务，要收取相应的费用。比如，无财产争议案件：普通民事、经济、行政案件，不涉及财产的，根据案件性质、复杂程度、工作所需耗费时间等因素，在6000—100000元之间协商收取；外地民事、经济、行政案件不涉及财产的，代理费不低于20000元；法律文书：代为撰写、修改、审查法律文书，根据法律文书的性质、难易程度、工作所需耗费时间等因素，每份文书在600－2000元之间协商收费；律师见证：根据法律文书的性质、所需时间等因素，按每件2000－10000元之间协商收费；代办公证：律师代办公证的事务不同，每件1500－3000元之间协商收费；律师函及法律意见书：为委托方出具律师函或法律意见书，根据相关事务难易程度、使用目的、工作所需耗费时间等因素协商收费，每份为1500－20000元之间协商收费。而法律援助完全是一项免费的公益行为，是给那些需要依照法定程序实现和保护自己的合法权益而又无力支付法律服务费用的公民，义务提供法律服务等方面的帮助。在众多法律援助的案件中，有的是"老大难"的上访案件，有的是拖了多年的"陈年老案"，有的是头绪混乱、要理清得花费很多时间和精力的难案，有的是身无分文一切仰仗律师帮助的弱势群体救助案件。律师要是没有爱心，是不愿意去同这些案件沾边的。因为接这些案件，操作起来却和普通案件没有太大的区别，要花费律师很多时间和精力，影响律师的个人收入。所以，一般律师都不大乐意承办这些案件。

江晓华却认为律师不能光向钱看，应该心系人民群众，积极为困难群体提供法律帮助，律师也要讲究社会效益，帮助困难群体是律师应尽的义务，也是律师的职责。

## 锄强扶弱 匡扶正义

　　江晓华面对一些特困对象，就不忍心去收取代理费用，尤其是一些因为工伤造成伤残的人员，他们生活都解决不了，哪里还能拿出高额的律师费？还有一些劳资纠纷，务工者需要法律服务，可他们的工资都没有拿回来，还被拖欠着，要去讨回，并且最终能讨回来的血汗钱也不多，在这些情况下，江晓华就会采取法律援助的形式给他们免费代理。曾有几个农民工，慕名找到江晓华，说一个包工头拖欠他们的工资，想请江律师为他们追讨。原来，来自江西九江农村的胡光华（化名）等12人跟随邻村一包工头余某来到惠州市做一栋楼房的装修工程，双方口头约定，每人预付5000元薪酬，待工程项目结束后再支付剩余的劳动报酬。可项目结束后，余某便开始要赖，说早已经给他们每人都已经支付过薪酬了，拒绝再支付12人剩余的86000多元劳动报酬。

　　"给他打电话，他不接，给他发信息，他也不回，到他老家去找人，他却躲出去了。"这笔劳动报酬，胡光华等人一要就要了三年多时间，他们都是贫穷的农村人家，平时就靠着打点零工挣点钱帮补家用，余某的要赖行为让他们的生活过得更加艰苦。"什么路子都走了，实在没办法，只好找律师来碰碰运气，请江律师多多帮忙，替我们讨回我们应得的劳动报酬。"

　　"匡扶正义，锄强扶弱"是江晓华一直秉承的职业理念，他看着那十多人对自己充满期盼的眼神，毅然接受了胡光华等人的委托，并且愿意免费为他们追讨欠薪。

　　"只有口头约定，没有签订合同，没有相关结算凭据，没有任何其他相关证据能证明余某欠了胡光华等人多少工资。"江晓华的助手将胡光华的案件理了一遍，无奈地向江晓华汇报。是啊，这样的案子在农村十分普遍，农民工缺少证据意识，工资都是口头约定，也没有保留相关证据，如果告到法院，也很可能得不到法院的支持。

　　江晓华又通过座谈了解，得知其中一名当事人邱某与包工头余某是亲戚关系，便让邱某尝试着给余某打电话，并做好电话录音。邱某经过一番努力，终于打通了余某的电话。在双方的电话交谈中，余某终于承认了拖欠劳动报酬的事实。至此，案子有了初步证据支持，在江晓华的帮助下，12 位农民工顺利在法院立案起诉。

一开始，余某并不配合，觉得对方拿不出证据，自己就没有责任。江晓华和法官反复做他的思想工作："做人要言而有信，你以后承包工程还要继续找工人吧，可你这种拖欠工资的行为，谁还愿意跟你干呢？再说了，亲不亲，故乡人，你们都是同一镇上的，人家老是上你家去要钱，你不觉得闹心吗？这事情在老家传开来，对你和你家人的名誉都是一个很大的损害啊，为了这点钱，值得吗？"

经过江晓华和法官的努力，余某终于承认了拖欠劳动报酬的事实和金额，并达成调解协议：余某当场支付劳动报酬 50000 元，剩余部分在三个月内一次性付清。案件顺利调解结案。

曾有一个交通事故的法律援助案件，60 多岁的孤寡老人李某，因车祸导致左脚和两根肋骨骨折、头部缝了十多针。肇事者没有露面，自己又没钱交住院押金，李某在哭诉无门的情况下拨通了江晓华的电话。江晓华在接到求援电话后，牺牲了休息时间立刻赶到李某当时所在的治疗医院，看到已过午饭时间李某还没吃饭，又买了饭菜送到病房，临走还留下三百块钱。当天下午，江晓华就赶到交警队领取了交通事故责任认定书，晚上放心不下李某，7 点多他又在网上给李某订了份外卖。为尽快落实治疗费，他多次找到肇事司机协调赔偿事宜，肇事司机很不配合，他就找肇事司机的父母和妻子耐心地做工作。终于让肇事司机先支付了五千元医疗费。随后，江晓华通过诉讼调解，为李某争取到全部治疗费用和赔偿金。收到赔偿金后，李某颤抖的双手握住江晓华的双臂，落下了感动的眼泪，连声说道："感谢江律师，这恩情我一辈子都不会忘记。"江晓华看到了老人最终有了个圆满的结局，觉得自己所有的奔波付出，都值了！

还有一个交通事故的法律援助，江晓华接受了受害者的援助申请，可没想到自己手头上有几个案子都紧接着要开庭，他实在腾不出时间去处理那个案件。为了让受害者能早日得到自己应有的权益，江晓华毅然掏出 5000 元给所里的一个年青律师，让她帮忙为受害者提供法律服务。

在法律援助中，江晓华带领广东宝晟律师事务所的律师联合惠州市司法局深入农村去组织开展"实践先进性，法律服务进农村"活动，现场免费为农民提供法律咨询，派送法制宣传资料，还给个别情况特殊的村委会免费担任法律顾问。"随着国家法治环境的不断改善，基层百姓，特别是农村地区的乡镇百姓确实有了一些新的变化。"他指出，在以往，乡镇百姓遇见了不公平的遭遇，第一时间不是寻求法律的帮助，拿起法律的武器，而是奉行"小闹小解决、大闹大解决、不闹不解决"的传统思路，一旦出现矛盾纠纷，就找村委会或基层政府"闹"，屡试不爽。近年来，这样的现象有所缓解，很多农民开始寻求法律的援助和帮扶。

为了更好地了解案情，下乡进村、田间地头，走访取证对江晓华来说是常有的事情。他下到农村去经办的法律援助案子，涉及土地承包经营权、土地争议、相邻关系、宅基地使用等，有许多是一些鸡毛蒜皮的小事，案件涉案金额小，但背后却牵涉了很多事，往往是"公说公有理，婆说婆有理"，有时候就连当事人都理不清。曾有一起案子，涉案金额只有 100 钱，但双方却差点因为这 100 元引发刑事案件。江晓华认为群众之间出现矛盾、纠纷应及时处理，否则，日积月累，相互赌气，到后来越来越难解决。有些案子经过数月的艰苦调解，当事人需要的只是一个道歉、一个安慰或是一个说法。这些小纠纷若不及时处理，造成积压，可能酿成更大的祸患或刑事案件，唯有耐心、热心、细心，把法律语言变成拉家常，只有这样，才能将这些琐碎的案件彻底做到案结事了。虽然法律援助办理的案件大都琐碎，可江晓华说，只有处理好这些微小的纠纷，把矛盾化解在萌芽之中，才能让社会和谐，让小家幸福。

"妇女婚姻家庭"的维权也是法律援助较多的一个项目。"妇女婚姻家庭"权益保护问题是一个不容忽视的社会问题，它关系到社会的和谐稳定，是广大基层妇女"最关心、最直接、最现实"的问题。妇女在遭遇家庭暴力、有配偶者与他人同居等家庭纠纷时，合法权益更容易受到侵害。多年来，江晓华带领他的律师团队，办理了多个涉及追索抚养费、赡养费和离婚涉及家庭暴力案件。其中一个比较特殊的案件令江晓华印象特别深刻。

一天，一位三十来岁的女子，带着一个八九岁的小男孩上门来求江晓华帮助。女子从进门就一直红着脸，见到江晓华也是支支吾吾半天不敢说话。江晓华见她心情十分紧张，便笑道："妹子，你不用害怕，就把我当成你的一个长辈，有什么事情，但说无妨。"女子在江晓华的鼓励下，才吞吞吐吐地小声说道："江律师，在您的面前，我……我不敢隐瞒，我就是人家说的那个'小的'，这孩子是……是个私生子。"女子指着办公室门外蹦蹦跳跳的小男孩说，"我是想向他的亲生父亲讨要抚养费和教育费。"

女子叫翟依雯（化名），她告诉江晓华，自己原来是个业务员，因为业务关系认识了一个事业单位的办公室副主任余泽伟（化名），一来一往，就好上了。翟依雯知道余泽伟是个有妇之夫，家里还有一个上小学的儿子，可她却像是吃了迷魂药一般爱上了这个男人，不久就怀上了他的骨肉。余泽伟原本只想偷偷腥，玩一玩，没想到玩过火。当他知道翟依雯有了他的孩子后，马上要她把肚子里的孩子给打掉。可翟依雯却死活不肯，告诉他，孩子一定要生下来，不要他养育，也不会上他家去闹事，只给她三千元做生产费用就行。余泽伟同意了。他们为此还签订了一份协议。

可多年过去后，独力抚养孩子的翟依雯创业失败，欠了人家一屁股债，生活非常拮据，抚养孩子成了她的重担，尤其是孩子上学之后，因为进不了公立学校，只能进私立学校，沉重的学费压得她喘不过气来。无奈之际，她便想跟余泽伟要一点抚养费，减轻负担。可当她去找余泽伟时，余泽伟一口就拒绝了，还骂她是个不讲信用的恶心女人。之前还对爱情对心爱男人抱有公幻想的翟依雯伤透了心，也让她下定了要拿起法律武器来维护自己权益的决心。可翟依雯身无分文，付不起律师费，经人指点，她找到了江晓华，希望能得到他的法律援助。

江晓华对这个曾经被爱情冲昏了头脑的女子很是同情。许多年轻的女孩子，从来就没有机会接受完整系统的恋爱、婚姻教育，她们大多抱着对幸福的渴望，对未来的憧憬，坠入爱河，难以自拔，甚至铸成大错，遗憾终生。更何况孩子是无辜的，他应该得到他应有的权益。

办理了委托手续之后，江晓华把余泽伟约了出来。

在一个茶馆里，余泽伟坐定后，江晓华发现他尽管已经是四十多岁的男人，仍然掩饰不住眉宇间的英气，这副外貌对女性确实是很有吸引力的。余泽伟自我介绍说他是个土生土长的惠州市本地人，和江晓华一样同饮东江水，想以此拉近情感距离。

"是她自己要把孩子生下来的，又不是我逼她生的，她还跟我签订了协议书。怎么能这样出尔反尔呢？"余泽伟在江晓华面前大吐苦水，"我们之前只是玩一玩，她这一闹，连我老婆孩子都知道了这个事情，没想到，事情最终会发展到如此地步，这让我十分难堪，很受煎熬。"

这都是你自作自受！江晓华在心里说道，他十分厌恶这种始乱终弃的行为。

"余先生，你们是签了一份协议，但作为一个律师，我要告诉你，这份协议是不受法律保护的。"江晓华严肃地说道，"虽然你和翟女士在法律上不是合法夫妻，但作为孩子的父亲，你和他母亲一样都有义务抚养孩子，私生子和婚生子在法律上享有相同的权利。如果你不同意，翟女士是可以以孩子的名义起诉你，要求你承担抚养费和教育经费的。"

余泽伟一听焉了，可他还在嘴硬，表态不会认这个孩子，也不会对这个孩子负责。

江晓华也不想跟他费口舌，义正词严地说道："身为一个男人，就要敢作敢为。你如果拒绝承担责任，那我们就在法庭上见吧！"

为了给余泽伟施加心理压力，江晓华向法院递交了一份民事起诉状。果然，余泽伟接到法院的传唤后，就赶紧联系江晓华。从他的电话中，江晓华觉察到了他已经十分不安。他担心这事情一旦上了法庭，他不仅会输掉官司，更会将自己的丑事彻底曝光，想要江晓华帮助庭外和解，该承担的责任，他全部承担。

但凡遇到有关妇女婚姻家庭的维权，江晓华都会耐心和蔼地为他们做法律咨询，把问题分析透彻，给他们指一条明路，更会力劝他们双方和解，毕竟是"一日夫妻百日恩"，百年才能修得的"共枕眠"啊！

## 校园普法 深入人心

在社会上一些特殊群体，比如学校的未成年人，需要法制教育，江晓华便带领他的律师团队到学校去担任法律顾问，为学校师生开展法律讲座、普及和推广法律知识以及义务提供法律咨询。

在给师生们进行法制教育，加强师生自我安全防范意识的讲课中，江晓华通过列举一个个发生在学生身边的鲜活典型案例，深入浅出地分析，让学生明白了什么是法律，哪些行为是违法行为，哪些行为是犯罪行为，以及违法犯罪行为造成的恶劣后果，还就如何防止校园意外伤害，抵制不良风气侵袭，如何提高自我保护防范意识等方面进行教育。

他给学生们讲述未成年人遇到不法犯罪分子侵害应当如何自我防护时，就讲了一个不法分子侵入校园敲诈学生的案件。一天中午，阳阳在操场上转悠，突然看到在操场角落里有个初中生模样的人拦住一个低年级的学生，这人正是恶名昭著的黄某。黄某原来是附近一所中学的学生，但是初中没念完就辍学了，整天在学校附近游荡，做些勒索小学生财物的不法行为。"又是这个坏家伙，他是怎么进学校的？是从老榕树那里爬进来的吗？"阳阳心里很奇怪。此时，阳阳听到了黄某和小学生的对话，"你快点把身上的钱都掏出来，否则我就对你不客气啦！"原来黄某又在勒索小同学。阳阳立即转身跑到老师办公室，向老师汇报情况，老师马上给学校保安部门打了电话。学校保安闻讯赶来，把正在打小同学的黄某抓住，并扭送到派出所。通过这个案例，江晓华先给学生们解释什么是"敲诈勒索罪"：指以非法占有为目的，对被害人使用威胁或要挟的手段，强行索要公私财物的行为。他告诉学生们，敲诈勒索行为不仅侵犯公私财物的所有权，还危及他人的人身权利或者其他权益，社会危害性大。接着他就对学生们进行普法教育："根据《中华人民共和国刑法》第二百七十四条，敲诈勒索公私财物，数额较大的，处三年以下有期徒刑、拘役或者管制；数额巨大或者有其他严重情节的，处三年以上十年以下有期徒刑；致人死亡或者以特别手段致人重伤造成严重残疾的，处以十年以上有期徒刑、无期徒刑或者死刑。"

针对校园内不时发生的暴力问题，江晓华给学生们举了一个案例：中学生邹某在论坛上与其他学校的学生徐某等人因为"谁学校最能打"一贴上的回复而相互谩骂起来，邹某万万没想到徐某等人真的来找他出气。

徐某等人找来了外校的二十几号人等邹某出校门的时候追打起来。邹某也没有"示弱"，和身边几个哥们从书包里抽出水管便和对方打架。学校老师立即报了警，警察很快便赶到现场，将参与打架的人员全部带到派出所调查。事件中多人受伤，经法医鉴定，邹某的损伤程度为重伤，邹某的朋友小吴和小李分别为轻伤和轻微伤。警方刑事拘留了主要犯罪嫌疑人徐某，以及造成邹某重伤的林某。

江晓华说，这个惨剧的发生对于当前遏制校园暴力、维护校园安全具有深刻的警示意义。首先，青少年思想、心智不成熟导致激情犯罪频发。中学生正值青春期，好奇心、表现欲望强烈，做事不考虑后果，好逞一时之勇，容易因琐事产生矛盾，在与同学发生摩擦时，往往拉帮结伙约架、逞强斗狠，因冲动而发生的暴力犯罪屡见不鲜，激情犯罪已经成为威胁校园安全的重要因素。其次，青少年对生命的尊重、对法律的敬畏淡漠，法律意识亟待提高。

许多未成年人在思想意识上对法律规定认识不足，导致一些学生为了哥们儿义气站脚助威、误入歧途，断送了美好青春和前程。江晓华以此给学生们普法："根据《中华人民共和国刑法》第二百三十四条，故意伤害他人身体的，处三年以下有期徒刑、拘役或者管制；致人重伤的，处三年以上十年以下有期徒刑；致人死亡或者以特别残忍手段致人重伤造成严重残疾的，处十年以上有期徒刑、无期徒刑或者死刑。"

　　江晓华的普法讲座通俗易懂，感染力强，赢得了师生们的热烈掌声。许多未成年人犯罪，不是他们有意而为，而是根本就不知道自己的行为已经触犯了法律。通过江晓华的法制教育，学生的法制理念和法律意识得到了提升，纷纷表示要从自己做起，从小事做起，珍惜校园美好时光，远离罪恶，远离危害，好好学习，做一名学法、懂法、守法、护法的好学生。为普及中小学生的法律知识，江晓华的律师事务所还组织律师编写了一本以普法为主题，以故事为线索的法律教材书籍——《乐乐的成长经历》，现已经作为中小学的法律常识教材在惠州市使用。为培养学生遵纪守法的意识，推动遵纪守法风尚的形成，2019年11月，在江晓华的组织带领下，广东宝晟律师事务所在惠州市田家炳中学设立了"遵纪守法好学生宝晟律师奖学金"，以奖励遵纪守法的优秀学生。江晓华表示，要在孩子们的心里播种下一颗法律的"种子"，只有让更多的人从小做起，公共法律服务才算真正深入人心。

## 情系国防 法律援军

　　2020年元月初的一天，江晓华跟往年一样，带着他的律师团队来到惠州某部队开展"送法到军营、法律拥军"活动。他们不仅为全体官兵现场举行"军人依法维权"法律讲座，开展现场一对一法律咨询活动，还为该旅"狼牙山五壮士连"赠送法律读本及文体器材一批。江晓华的律师团队不仅关心着部队官兵法律素质的培养，还关注着他们的身心健康，赠送的运动器材包含篮球、羽毛球、象棋、杠铃等，希望能为官兵们在连队的训练生活增加欢乐的色彩。

为增强官兵法律意识，维护军人军属合法权益，江晓华和他的律师团队从 2001 年起就开始长期为惠州本地驻军、武警担任免费义务的法律顾问，一直坚持为部队新兵入伍、老兵退伍开展法律讲座，为部队官兵义务法律咨询并提供法律援助，调处纠纷，帮助官兵解决后顾之忧。

"江律师，我的继母因为有外遇，要跟我父亲离婚，还要分我的家产，我该怎么办呢？"战士小高焦急地向江晓华咨询道。原来小高的母亲早年因病去世了，前几年，父亲找了个继母，可继母后来又移情别恋，跟别人好上了，不仅要跟小高的父亲离婚，还吵闹着要分掉家中的一半财产。小高告诉江晓华，这件事情对他的父亲打击非常大，也让他心烦意乱，以致在部队训练时都时时走神。

江晓华劝小高不要有太多的思想负担，要相信法律，法律一定会给他们一个公平的处理。他告诉小高，按照婚姻法的有关规定，离婚时，夫妻的共同财产由双方协议处理；协议不成时，由人民法院根据财产的具体情况，照顾子女和女方权益的原则判决。因一方有过错，导致离婚的，无过错方有权请求损害赔偿。有配偶者与他人同居的一方属于有过错。如果丈夫有证据证明女方与婚外异性，不以夫妻名义、持续、稳定地共同居住。在离婚时，可以要求女方给予一定的损害赔偿。因此，江晓华安慰小高说，他父亲与他继母结婚前的财产，只要能拿出证明，这些财产他的继母是无权分割的，他继母能分割的只有他们婚姻期间共同创造的财物。江晓华还让小高告知他父亲，要注意收集女方在婚姻期间的出轨证据。如果有确凿证据，法院就会判决女方少分甚至不得分割共有财产。小高听了，顿时如释重负，对江晓华连声道谢。

"江律师，我老家有套旧房子要转让出去，收了人家一笔钱，对方要我家写字据给他，那我们是应该给他写宝盖头的'定金'，还是写言字旁的'订金'呢？"

江晓华笑着分析道："这两个字的读音一样，然而一字之差，法律后果却天壤之别，宝盖头定金具有担保性质，付款方违约无权要求返还定金，而收款方违约则要双倍返还定金。言字旁订金不具有担保性质，任何一方违反约定，只需要将订金退还给付款方即可，你是收款方，你认为用哪个 ding 金对自己最有利呢？"

"江律师，我参军前，把外出打工挣的一笔血汗钱借给一个朋友周转，原来答应我一年后归还的，可他到期后一直拖着不还，现在我妹妹上大学急需用钱，我要如何来追讨那笔借款呢？"

"江律师，我的伯父在一个工地打工，不幸从脚手架上摔了下来，请问怎么来认定工作？"

"江律师，我老家要进行旧城改造，把我家的一栋房子给拆了，现在安置房迟迟没有建好，我的家人只好在外面租房子住，请问我该怎么办？"

……

战士们排着整齐的队伍，一个一个有序地上前来向江晓华等律师咨询有关法律问题。

江晓华针对部队官兵提出的热点难点问题，展开点对点、面对面法律服务，准确而专业地为部队官兵作解答。他认为，通过开展"法律援助进军营"活动，律师们对部队官兵拼搏奉献、勇于担当的精神和纪律严明、艰苦奋斗的作风会有更深刻的体会，增强了国家安全意识和爱国热情。同时密切了军民关系，进一步了解了官兵的法律需求，积极引导官兵依法理性表达诉求，预防和化解社会矛盾，营造尊重军人、优待军属、保护军人军属合法权益的浓厚氛围，对官兵安心服役、促进部队发展起到了良好作用。

多年来，广东宝晟律师事务所的"法律援助进军营"活动一直受到广大官兵的热烈欢迎，免费解答官兵的法律咨询数百宗，多次提供法律意见，赠送法律书籍近万本，并于 2019 年与当地部队签署《军民共建协议》，为部队的法治建设做出了贡献。

## 鱼目混珠 警惕假冒

在律师行业中，也有"真假美猴王"。有通过国家司法考试后取得律师执业资格证的正牌律师，也有一些没有律师资格证的冒牌律师。律师业内人士把不具备律师执业资格或不合法规管理而非法揽讼的人称为"黑律师"。《中华人民共和国律师法》的规定和国家司法机关三令五申，只有具备执业资格的律师才能从业，而一些别有用心的"黑律师"利用弱势人群需要帮助的心理，连蒙带骗当事人，严重损害当事人的合法权益。

曾有段时间，"黑律师"在惠州这块土地上冒头。他们在本地的一些报纸上，以大幅版面做广告，专门从事非法收费代理诉讼，他们先是以低价甚至不收费为诱饵，取得受害人信任后，就不断骗钱敛财，影响非常之坏。一些"黑律师"印着"专门替人诉讼"的名片到处散发，有的竟然还发到法官的案头，甚为猖獗。他们不仅干扰和破坏了法律服务市场，严重损害当事人的利益，还容易助长司法腐败，造成社会上很多人对律师的误解，使律师背负不应有的黑锅。

"黑律师"的滋长泛滥，让惠州市律师协会忧心忡忡，也引起惠州本地媒体的关注。有记者以"要与妻子离婚，并不能分财产给她"为由，对某"代理咨询服务"的"黑律师"进行暗访。暗访得知，该组织不但可以代为诉讼，竟然还从事"跟踪、录音、拍照"等类似间谍的非法活动。

以下摘录一段记者与"黑律师"的对话（录音整理）——

记者：我要与妻子离婚，并且不想分财产给她，你们可以帮我代理向法院起诉吗？

黑律师：可以。有她外遇的证据吗？如果还没有，我们可以代你调查取证。

记者：调查取证怎么收费？

黑律师：每天收取1200元的工作费用。证据确定后，另收5000元。

记者：为什么这么贵？

黑律师：因为我们要派 3 辆车全天跟踪她，并且录音、照相及收集相关文字，工作量很大。

记者：调查取证费用那么多钱一天，我付不起啊。

黑律师：凭我多年经验，你的这件事情一周内就会有结果。快的话，一两天也可能收集结束。到时候离婚不用分财产给她，你是很划得来的。

记者：上法院起诉，你们有律师么？

黑律师：我们有律师，从收集证据到起诉、胜诉，我们为你一条龙服务。

记者：收费开发票么？

黑律师：我们开收据给你，没有发票。你尽管放心，我们代理是要签合同的，这样对双方都有约束力，也保护你的利益。

记者：官司输了怎么办？

黑律师：如果你陈诉的都是事实，加上我们做了扎实的取证工作，相信胜诉机会很大。但我不能百分之百保证胜诉，因为判决是法官判的。但万一官司打输了，我就不收你的钱。

记者：我的财产是 30 万元的房子，要是官司赢了，我要付你多少钱？

黑律师：正规的律师要收你 1.5 万到 3 万元，我代理这个案子收你 1 万元就可以了。

最后，这名"黑律师"还再三强调他们经办这样的案子经验丰富，并可为记者的这个"隐私"进行严格的保密。

江晓华经过梳理发现，"黑律师"骗人伎俩具体有几种：

伎俩一：连蒙带骗，打肿脸都称自己是"律师"。"黑律师"不会主动承认自己不是律师，更不会去向你解释其中的区别，在身份问题上经常含糊其词。有的"黑律师"甚至拍着胸脯，口口声声坚称自己是"律师"。

伎俩二：钻法律空子，违规进行收费代理。经常以公民代理的身份出庭代理诉讼，或借用别的律师名义与其一起出庭代理诉讼，称是二律师帮忙。

伎俩三：故弄玄虚，为钱鼓动打官司。"黑律师"往往把一些胜算不大，甚至根本没有必要打下去的官司说得非常简单，鼓励当事人进行诉讼，从而收取代理费，骗取钱财。

伎俩四：自称自己关系多、有门路，给其代理胜算大。"黑律师"一般业务知识有限，所以就很喜欢炫耀自己与执法机关之间的关系如何铁，以骗取当事人的信任。

伎俩五：故弄玄虚摆架子，自夸法律知识"渊博"。"黑律师"为达到骗人钱财的目的，常常在法庭上作秀显示自己知识"渊博"，装腔作势地纠缠于一些细枝末节问题，而往往因此耽误了真正的法律问题，使当事人遭受损失。

伎俩六：嘘寒问暖，以免费为诱饵。"黑律师"称自己可为有需要者提供免费的"法律援助"。当事人听到"免费"，容易相信并委托这些"黑律师"们为其诉讼。

在惠州市律师协会与惠州市人大调研组召开的一个座谈会上，时任惠州市律师协会会长的江晓华指出，《中华人民共和国律师法》第五条规定，律师执业应当取得律师资格和执业证书。因此，"黑律师"收取费用非法从事诉讼活动是法律不容的。进一步规范律师行业，需要完善相关法律，还需要司法、公安、工商等职能部门联合起来，各负其责，互相配合，形成合力，共同打掉这些"黑律师"。他说："目前，正规注册的律师事务所应努力占领法律服务市场，多为弱势群体提供法律援助，政府的法律援助中心更要深入基层，切实解决老百姓碰到的法律问题，这样做可以铲除'黑律师'的生存土壤。同时，正规的执业律师要加强自律，树立法律工作者维护司法公正和正义的良好形象。"

为了让市民识别"黑律师"，江晓华还在媒体上提醒广大市民，辨识"黑律师"要"一看、二查、三验、四询、五签"。

一看：看名片上的律师执业证号。按规定，律师名片上除姓名和律师所名称外，还应当注明律师的执业证号。执业证号不是资格证号，考取获得律师资格并不能立即执业，而是必须实习一段时间，经批准领取执业证后才能正式执业。二查：查律师执业证。律师执业证作为律师的身份证件，外出执业应当随身携带。办案过程中，律师应主动出示给相关人员、部门或当事人证明合法身份。当事人在咨询、委托律师过程中可以要求律师出示其律师执业证，这是合法合理的。

三验：验是否为红本执业证。按法律规定，只有在司法部门备案、年审通过的执业律师才能为社会提供有偿法律服务，他们的执业证是红色的，有别于公职律师、公司律师。后二者属于公务员、公司职员序列，依法不能面向社会从事有偿法律服务，不能在律师事务所或法律服务所兼职。

四询：可直接致电市司法局查询。司法部门每年都对律师进行审查、公告。如果当事人或有关部门、人员对某律师的身份仍不确定，可以直接打电话到市司法局，或者登录省司法厅的网站查询。律师姓名、执业证号、执业律师事务所等相关信息都是公开的。

五签：与律师执业的事务所签订合同。特别需要注意的是委托律师时不能与律师个人签合同，必须与律师所在的律师事务所签订。"黑律师"经常以公民代理的身份出庭代理诉讼，或者借用别的律师名义与其一起代理。手段上往往以免费、低价为诱饵拉案件，步步设套骗人钱财。

江晓华带领着惠州市律师协会，在惠州市司法部门的大力支持下，很快就把"黑律师"泛滥的势头给打了下去，维护了许多当事人的合法权益。

江晓华表示，自己和团队今后会更多地深入到基层开展法律公益讲座，让更多人了解法律、了解律师、体会到公共法律服务带给他们的好处。

## 成绩斐然 影响广泛

为什么广东宝晟律师事务所一路走过来，被同行关注着，被业界关注着？那是因为其一直有着一份社会的责任与担当。据统计，广东宝晟律师事务所的律师为困难群体进行法律援助，从成立到 2021 年，全所受理法律援助案件数百起，免费解答法律咨询上千人次，走在惠州众多律师事务所的前面。他们为受害者奔走呼号、认真负责的态度，在社会上产生了广泛而积极的影响。

近年来，国家对公共法律服务体系建设的深入推广，也为江晓华团队进一步深入开展公共法律服务提供了依据和施展优势的平台。

2017 年，司法部出台了《关于推进公共法律服务平台建设的意见》，为公共法律服务建设提供了方向指导和法律依据。

2018 年，政府工作报告提出，要完善公共法律服务体系。旋即，司法部在当年出台的《关于加快推进司法行政体制改革的意见》中，就将"建设公共法律服务体系、增强人民群众获得感幸福感安全感"作为工作的"总抓手"，让公共法律服务体系建设步入了"快车道"。

在这样的大背景下，江晓华和他的律师团队进一步加强公共法律服务的工作。他说："近两年来，我们律所派出了 20 多名律师担任了惠州市两个县、近 100 个乡镇村居的法律顾问。此外，律所的律师还担任了（市）总工会的法律顾问，为惠州所辖区的工厂企业担任'法治副厂长'，同时，我们还与当地驻军签署协议，长期为驻军部队提供法律讲座、义务法律咨询、免费为部队赠送法律书籍，并设立了驻军法律服务工作站和为驻军法律援助工作站派出值班律师；我们律所还利用劳模律师的影响在惠州市设立'劳模创新工作室'专门为弱势群体提供法律服务；我们的律师还成立了惠州首家'名人调解工作室'，指派知名律师坐镇，调解社会矛盾纠纷，为弱势群体提供专业的法律服务；我们分别和公安、法院也签署了有关公共法律服务的框架合作协议，实现警民共建，诉前联调，真正做到了让法律服务落在实处。"

功夫不负有心人。二十多年来，通过不断地落实公共法律服务建设，推动公共法律服务走进基层，江晓华和他的律师团队取得了一系列骄人的成就。2018 年，广东省律师协会、广东省法律援助基金会授予江晓华"公益爱心律师"荣誉称号。

广东宝晟律师事务所在江晓华的带领下，始终坚持中国共产党的领导，以党建促所建，秉承"诚信、专业、勤勉、担当"的办所理念，积极履行社会责任，一直践行着法律人的职责和担当，以实际行动履行社会责任，传承"不忘合作初心，继续携手前进"的使命，忠于法律，勤勉尽责，慢慢发展成为专业化、实力强、素质高的综合性律师事务所。

2008年3月，广东宝晟律师事务所率先成为惠州市第一批"规范化管理律师事务所"；

2011年1月，广东宝晟律师事务所被和谐中国年度影响力人物征评活动组委会授予"和谐中国2010年度优秀诚信示范单位"称号；

2020年1月16日，司法部下发了《关于表彰全国法律援助和公共法律服务工作先进集体、先进个人的决定》，广东宝晟律师事务所荣获"全国公共法律服务工作先进集体"荣誉称号，是惠州市唯一一家上榜的律师事务所。

2021年10月13日，全国律师代表大会在北京召开。为表彰先进、弘扬正气，激励全国律师事务所和广大律师在全面依法治国，实践新征程上奋勇争先、建功立业，司法部决定授予广东宝晟律师事务所等130家律师事务所"全国优秀律师事务所"称号。

广东宝晟律师事务所被司法部授予"全国优秀律师事务所"荣誉称号，这就是对宝晟所专业能力、服务质量、取得的成就和行业先锋带头作用的最好的嘉奖和肯定。

# 第十四章

反哺桑梓，造福社会，在那矮檐茅棚下生长的脊梁挺拔正直，情牵慈善公益，甘尽一己之力。

## 情系桑梓 义不容辞

江晓华对家乡"埔前镇"饱含质朴而炽烈的赤子情怀, 心系家乡, 热爱家乡, 总思量着要为家乡的乡亲们做点事情。

埔前镇是革命老区之一。河源全境解放最后一战——"三角岭战役"就发生在埔前镇。1949 年 9 月 18 日晚上, 国民党 196 师放弃河源城并趁夜逃亡, 沿现在的 205 国道一直南下, 准备在埔前、石坝一带与国民党 154 师、保安第五师等残部汇合, 企图逃往广州, 渡海到台湾。粤赣湘边纵队在进驻河源县城之后马不停蹄, 派遣主力部队一万多人追击、拦截溃逃的国军部队, 战斗最终在埔前三角岭打响。

埔前三角岭是由当地棺材岭、中心岭和糍粑岭连成的三角形丘陵地带, 岭上杂草丛生、树林茂密, 扼守着河源、博罗的交通咽喉, 是兵家必争之地。战役打响当时, 粤赣湘边纵队坚守三角岭高地, 拦截溃逃的国军, 因为当时控制了三角岭就保证了埔前这边安全, 如果国民党占领了三角岭, 就威胁了整个埔前的部队。据当年参与三角岭战役的老战士回忆, 作战双方可以用"兵力相当、装备悬殊"来形容。粤赣湘边纵队穿过大片甘蔗林和红薯地后, 顺利地占据了三角岭的制高点, 原本想借着山林的掩护进行战前准备, 但拥有美式装备的国民党军 196 师发现了他们的动向, 开始用大炮对阵地进行猛烈轰炸。双方为夺取高地不断发起冲锋, 战事一度进入拉锯战状态, 粤赣湘边纵队最终通过肉搏战夺下高地, 直到战斗的全面胜利, 而 17 名战士在两天三夜的生死搏斗中英勇牺牲。埔前三角岭战役结束后, 河源县宣告全境解放。1963 年, 为了纪念三角岭战役、缅怀革命烈士, 河源县人民政府在埔前三角岭建立了占地 10 平方米、高 9.4 米的纪念碑。

　　可这个革命老区的交通一直不完善，乡道村道都是十分简易的公路，高低不平，车辆过往，晴天尘土飞扬，雨天泥水四溢，给老百姓的出行带来了诸多不便。在到处修建水泥路的热潮中，江晓华老家坪围村的村民也燃起了修水泥路的希望，全村群众费了九牛二虎之力，勉强完成了路基，但苦于经济拮据，水泥路无法完成。热心公益事业的乡、村干部来惠州市找江晓华赞助。江晓华不忘乡情，珍惜家乡水土养育自己之恩，慷慨解囊捐款。

　　江晓华的老家坪围村，是"河源南大门"的一个美丽乡村，总面积 13 平方公里，耕地面积 2800 亩，山林面积 7000 亩。近年来，坪围村以"党建 + 新农村建设"推动农村人居环境不断优化，主村道硬底化、亮化、绿化全覆盖，雨污分流、立面修缮、电商服务站等项目全面铺开。坪围村背山面田，青山绿水环抱，自然风光秀美；生态资源丰富，有南天中医药生态养生谷、黄蜂坑水库、特色花木场基地；人文历史悠久，有著名风景区"七圣宫"，风景秀丽，蔚为壮观；有规模较大的水果果场和基地，产品备受游客青睐，周末游、亲子游日益兴旺，每年吸引近十万多游客前来采摘体验。2017 年 11 月，坪围村被广东省精神文明建设委员会和中央精神文明建设指导委员会分别授予"广东省文明村"和"全国文明村"。

　　为了更好地联络乡亲，服务乡亲，凝聚乡情，江晓华与一批热心的老乡成立了一个同乡联谊会，专门负责村里村外的"坪围村人"了解乡情，帮扶解困，疾病关爱，助学奖学等工作。"亲不亲，家乡人！"江晓华经常会在百忙当中抽时间来参与家乡的一些文体、公益活动，希望能够为家乡的父老出一份力。

　　这是发生在江晓华老家坪围村周村小组的一起"故意毁坏财物案"。

　　事情要回溯到 6 年前。2015 年 2 月 2 日，河源市源城区埔前坪围村委会周村小组与文福立、邱素强、吕浩（均为化名，以下统称"文福立等三人"）签订《周村屋前土地租赁合同》，双方约定：埔前坪围村委会周村小组屋面前土地租给三人用于种植桔树，租用面积是：283.58 亩；租用期限是：2015 年 2 月 2 日至 2030 年 2 月 2 日止；付款方式分为三个时期：第一时期：从公历 2015 年 1 月至 2016 年 12 月，每年每亩租金为 1000 元，从签订日一次性支付 2 年租金；第二时期：从公历 2017 年 1 月 1 日至 2019 年 12 月 30 日，每年每亩租金为 1000 元，一年一付，租金应于当年公历 1 月 30 日前一次性付清；第三时期：从公历 2020 年 1 月 1 日至 2024 年 12 月 30 日，每年每亩租金为 1100 元，从 2020 年 1 月起一次性支付 2 年租金，付款时间是在每个 2 年周期的第一年 1 月 30 日前付清。双方权利和义务约定明确，另在双方合同的第八条还特别约定：合同履行期间，三人应按合同规定时间，按时足额支付合同内的一切款项给周村的村民们，若逾期 2 个月未支付合同规定的款项，则周村有权解除合同，三人损失自负与周村无关。

合同签订后，周村积极履行合同义务，但三个承租人从 2019 年起就故意不缴纳土地租金，严重影响了整个周村小组的生产经营和村民的日常生活，整个小组村民叫苦连天，导致小组生产秩序混乱，村民议论纷纷。承租人不仅不缴纳租金，还从 2019 年起完全放弃对桔园的管理，导致桔园内杂草丛生，砂糖桔树大面积感染黄龙病，村民们人心惶惶。周村的村组长何元灵、王金辉（化名）一再向村民解释、安抚村民情绪，避免村民采取过激行为，同时，多次要求承租人文福立等三人尽快缴纳拖欠的土地租金，切实将桔园内的病果树治理好，以免影响村里正常生产秩序及村民们的生活。但承租人文福立等三人明确表示放弃对桔园管理，也不再向村民缴纳租金。鉴于此，村小组、村党小组及村民多次召开会议讨论，最终作出集体决定：终止与承租人文福立等三人的土地承包合同关系，复耕土地，并向其发出《解除合同通知书》。

在 2020 年 11 月 6 日，周村小组还以"河源市源城区埔前镇坪围村委会周村经济合作社"的名义对承租人文福立等三人向河源市源城区人民法院提起《民事诉状》，诉讼请求：1、判令被告支付拖欠原告的土地租赁使用费及管理费共人民币 470389.3 元；2、判令被告交还土地租赁使用权，且地上附作物归原告所有，双方解除租赁合同；3、被告承担所有诉讼费用。

通知书期限届满后，三个承租人既不支付拖欠的租金，也不处理染病的果树，继续放弃对果园的管理。在这种情况下，作为村民小组的领导，何元灵、王金辉不得已根据村民集体的决议执行，将有严重病害的果树清理并复耕土地。不料三个承租人竟隐瞒事实真相，向所在的派出所报案称村民故意损毁其果树，并以此为由，向周村的所有村民们敲诈100多万作为赔偿。

作为周村组长的何元灵、王金辉涉嫌故意毁坏财物罪被源城区公安局调查并刑事拘留，村里还要面临100多万元的索赔。周村组的村民们个个慌了神，大家不约而同地第一时间想到了从村里走出去的大律师江晓华。

江晓华接到乡亲们的求助电话后，立刻带上所里的江珊珊和陈小娟两位律师一同回到村子里。在了解情况后，马上接受何元灵和王金辉亲属的委托，担任他们在侦查阶段、审查起诉阶段、审判阶段的辩护人。经过合法会见并听取何元灵和王金辉的陈述后，就该案发表是否应当逮捕的辩护意见，恳请河源市源城区检察院在作出是否逮捕何元灵和王金辉的决定时予以考虑：

犯罪嫌疑人何元灵和王金辉系河源市源城区埔前镇坪围村委会周村经济合作社周村小组的组长。周村小组与承租人文福立等三人签订了《周村屋面前土地租赁合同》，该租赁合同约定由承租人文福立等三人承租周村小组的土地并按时缴纳租金，但承租人已拖欠将近一年的租金，不仅严重违反前述租赁合同的约定，还因其放弃对桔园管理，造成桔子树大面积感染黄龙病。周村村小组、村党小组及村民多次召开会议讨论，最终决定：终止与承租人文福立等三人的合同关系，复耕土地，并向其发出《解除合同通知书》。通知书还载明：若承租人文福立等三人在通知书期限届满后不履行约定，周村将收缴出租土地上的厂房设施及生产工具等一切财物，强制执行后所造成的一切经济损失由承租人自行承担。

通知书期限届满后，承租人文福立等三人既不支付拖欠的租金，也不处理染病的果树。故何元灵和王金辉根据村民集体的决议，将病树清理并复耕土地。辩护人认为，犯罪嫌疑人何元灵和王金辉不构成故意毁坏财物罪，具体理由如下：

一、何元灵和王金辉主观上不具有故意毁灭或者损坏公私财物的目的。

据何元灵和王金辉陈述，承租人文福立等三人拖欠周村土地租金将近一年，严重违反与周村小组签订的《周村屋面前土地租赁合同》约定。作为周村组长，何元灵和王金辉有义务维护村民们的集体权利益不受侵害，解决村民生活和生产问题。故何元灵和王金辉根据村民集体决议、租赁合同的约定及桔园已感染了"黄龙病"需及时挖除销毁的客观情况，对涉案桔园病树进行了清理并复耕土地。其行为没有故意毁坏财物的恶意，只是为了集体利益不受进一步侵害，也不以毁坏财物使受害人的财产受到损失为目的，恰恰相反，何元灵和王金辉的清理行为是为了减少集体损失才为之，故何元灵和王金辉主观上不具有故意毁坏财物的目的。

二、何元灵和王金辉客观上清理的是染病的果树。

因承租人文福立等三人放弃对涉案桔园的管理，导致桔园大面积感染了"黄龙病"。柑橘黄龙病，又称枯死病，不可治且具有侵染性，若找到带病植株需及时挖除销毁。周村村民考虑受害人将近一年疏于管理不处理染病果树，也不支付租金，更担忧黄龙虫害蔓延会传染给其他周围的农作物，故强烈要求清理病树、复耕土地。从现场可知，涉案园中果树的树叶已出现不规则、边缘不明显的绿斑，老枝上的老叶出现黄化，叶脉背面破裂，结出的果实是黑色偏小，树深处树根已腐烂。涉案桔园里的果树已不是健康的果树，果树因有病毒无法结出可被食用的果实，完全失去了商业价值。因此可以判断：文福立等三人在客观上只是对染病的果树进行清理！案发后，侦查机关委托有关部门对涉案桔园作出鉴定时遗漏了涉案果树已得黄龙病的事实，该鉴定机构却以涉案果园的果树具有正常商业价值做出价格鉴定。由此可见，该鉴定结论既不合理也不合法！犯罪嫌疑人何元灵和王金辉及周村小组已向公安机关提请重新鉴定。故请检察院注意果树已染病，不具有任何商业价值的事实！

何元灵和王金辉因受害人不缴纳租金造成严重违约，并根据全体村民决议将严重感染黄龙病的砂糖桔树清理复耕的行为而涉案，本案的行为仅属于民事纠纷，完全可以通过协商或者民事诉讼解决。

涉案纠纷已经源城区人民法院审理，案号〔2020〕粤1602民初第5906号，在此过程中，周村小组一直积极与受害人协商租赁事宜。周村小组表示在受害人缴清租金并积极管理桔园后，同意受害人继续履行合同并愿意对受害人提供一定的补偿。但受害人却利用国家法律，企图在无任何付出的情况下希望获得巨额赔偿，才让案件协商进展放缓。

四、何元灵和王金辉没有犯罪前科，社会危险性小，适用取保候审的相关规定。

何元灵和王金辉两人一贯遵纪守法，没有犯罪前科，其涉嫌故意毁坏财物罪不是暴力性犯罪，对社会危害性较小。其两人均是周村小组的组长，主持村委会的全面工作，对全体村民负责，制定本村的经济和社会发展计划，安排好村民的生产，解决生产中的难题，帮困扶贫，带领本村的村民走共同富裕的道路。现在组长不在，村小组已经乱成一团，村里的生产活动也就此停滞，现村民们迫切期望组长早日回来主持村里的工作。加上王金辉本身年纪已大，经常因风湿病四肢肿痛，无人照顾的情况下会有生命危险。自从王金辉被强制措施后其妻子整日以泪洗面，伤心过度，现急需王金辉回家照顾家人。且其家人愿意以提供保证人或交纳保证金的方式为犯罪嫌疑人何元灵和王金辉提供取保候审的保证。与此同时，何元灵和王金辉能保证按时接受相关机关传唤、积极配合调查。何元灵和王金辉经过此次教训不可能再做法，也不可能毁灭、伪造证据，干扰证人作证或者串供。所以，本案不存在最高人民检察院、公安部《关于逮捕社会危险性条件若干问题的规定（试行）》中规定的社会危险性情形。故辩护人认为，对何元灵和王金辉采取取保候审不至于发生社会危险。为此辩护人根据《中华人民共和国刑事诉讼法》第六十七条之规定"可能判处有期徒刑以上刑罚，采取取保候审不致发生社会危险性的"情形，申请对犯罪嫌疑人何元灵和王金辉进行取保候审。何元灵和王金辉取保候审后会积极配合公安机关的调查，并由家人及所在村委会对他们严加监管教育，这样有利于挽救两个完整和谐的家庭，更能彰显法律的合情、合理之用意。

鉴于侦查期间辩护人无法看到案卷材料，无法对侦查机关查实的相关证据进行审查判断，并不全面了解案情，以上事实的界定主要来源为何元灵和王金辉及亲属的陈述和民事诉讼纠纷时的有关证据，故请检察机关根据公安机关移送的证据一并审查上述意见，综合评判何元灵和王金辉的相关行为。辩护人希望能够对何元灵和王金辉做出不予批准逮捕的决定。

在法律意见书的后面，江晓华还附上了一份《周村全体村民请愿书》和涉案桔园果树现状图片。

在大量事实证据的佐证下，检察院终于作出不批捕的决定，将何元灵和王金辉予以释放。

当因对法律缺乏认识，被拘留了一个多月的何元灵和王金辉手持释放证明书心情激动地走出河源市看守所的铁门时，情不自禁地流下了眼泪。

## 造福社会 好善乐施

江晓华一直本着"老吾老以及人之老，幼吾幼以及人之幼"的精神，以肩负社会责任的态度，不遗余力地回报社会，尽心尽力地为家乡父老服务。他说："作为从大山里面走出来的孩子，我的少年和青年时代在贫寒中度过，对贫困带来的苦难有着刻骨铭心的感受，对劳苦大众有着深深的情感，只要能力允许，竭尽所能帮助需要帮助的人，是我时刻谨记在心的事情。"

江晓华认为，不一定是腰缠万贯的人才可以做慈善，但凡心存一份帮助他人的善念，都可以献出自己的力量。他在担任惠州市律师协会会长期间，曾多次带领律师们捐款：2004 年 8 月 10 日，121 联合行动，为"艾滋病救助基金"捐款，江晓华带头慷慨解囊；2005 年 6 月 29 日，因惠州连续暴雨导致部分地区水灾严重，市律协组织律师向重灾区龙门捐款 14190 元；2006

年 7 月 14 日惠州市遭受特大洪涝灾害，灾情非常严重，律协倡议全市律师向灾区群众捐款 25117.20 元。

2008 年汶川地震，江晓华收看中央电视台的报道后，泪流满面，夜不成寐，他想：国家有难，匹夫有责，汶川的兄弟姐妹遭受了重大灾难，我们理当解囊相助。第二天，江晓华便以惠州市律师协会名义，倡议全体会员捐款，支持抗震救灾。捐赠现场，他自己带头捐款，在他的带领下，所有律师踊跃捐款，共募捐 194935 元，协力支援灾区人民重建家园。

江晓华热衷于慈善公益事业，出钱出力毫不犹豫，实际上，不仅是在国内行善，他甚至将这份热心肠奉献到了国门之外。

2004 年，印度尼西亚苏门答腊岛附近海域，发生百年来极为罕见的大地震，随后又引发了高达 10 米的巨大海啸，印度尼西亚、泰国和印度等地处于震中的位置，所受到的影响巨大，遭受到极为惨重的损失。中国政府在第一时间向受灾各国伸出援助之手，紧急向灾区输送救灾物资。得知消息的江晓华坐不住了，他考虑着惠州律师能够为灾区做些什么？随后，江晓华亲自撰写了捐款倡议书，在惠州市律师协会里做动员，立即得到了惠州市律师们的强烈反响。截至 2005 年 1 月 20 日，惠州市律师协会捐助金额高达 53920 元，一举成为惠州市捐款最多的行业协会。

2020 年初，一场突如其来的"新冠肺炎"在武汉爆发。江晓华看在眼里，急在心里，一直关注着疫情的防控工作，特别是看到惠州市的医护人员支援湖北，投身于战抗疫一线，十分感动。他明白支援疫区很艰苦很危险，许多医护人员家里上有老下有小，很不容易。惠州党员群众齐心协力共战疫情，让江晓华倍感振奋，也非常想为疫情防控贡献一份力量。他马上组织本所的律师捐钱捐物，自己率先捐出了 19530 元现金和救急防护物品用于支援湖北抗击疫情，给律师们起到一个很好的先锋模范带头作用。他说："我捐出的数量不大，但这是我对灾区人民的一点心意，只要大家团结一心，众志成城，就一定能够取得抗击疫情的胜利！"在江晓华的带动下，中共广东宝晟律师事务所支部的党员律师都一起践行初心，心系疫情，同舟共济，积极开展一系列爱心捐赠活动，为支援疫情防控排困解难。他们向韶关南雄市田心村、大竹村、兰丘村贫困村民采购了一批爱心蔬菜，送往广惠高速小金口检查站慰问奋战在抗疫一线的工作人员；又向龙门县龙华镇西坑村、将坑村、龙石头村的贫困村采购 300 箱年桔前往惠州市公安局交警支队、博罗县人民医院慰问那些不顾个人安危，义无反顾地奋斗在抗疫第一线的勇士们。此善举既帮助贫困村民缓解了农产品滞销问题，也表达了律师们对一线抗疫人员的关爱和支持。

在惠州市律师行业里，江晓华不仅是一位优秀的律师，更是一位胸襟开阔的慈善人士，他时常勉励自己：扶危济困、助人为乐是中华民族的优秀文化和传统美德。在他看来，施善也是做人的本分。他觉得，一个优秀的律师就是要服务社会、反哺社会、繁荣社会、回报社会、造福社会，这是每个律师都应该具备的品德。

## 热心教育 捐资助学

从小就明白读书改变命运的江晓华，深知知识的巨大力量。关爱学子，支持教育，成为他回馈社会的一个重要举措。

家乡的坪围小学教学设施需要更新，但碍于资金短缺，学校领导和村干部几人前来惠州找江晓华支持。江晓华毫不犹豫答应了，马上把自己的手提包拿了出来，里面恰好有一笔刚刚收回来的律师费用。他把钱悉数拿出来，交给校长："我身上只有这么多，你们都拿去，算是我对家乡教育尽点绵薄之力。"望着那几扎红艳艳的百元大钞，在场的学校领导和村干部都十分惊讶，他们都没想到江晓华竟然如此爽快地捐出这么大一笔款子，感激得不知如何是好。经一个干部清点登记，那几扎现金总金额有 38800 元。后来，江晓华又动员自己的家人捐款，奉献爱心。在他的带动下，他哥哥、弟弟都纷纷捐款，就连当时尚未参加工作的小女儿江思颖也捐出了她的奖学金 2000 元。他们的名字都被刻在了坪围小学大门口竖立的"教育创强坪围村捐资助学芳名榜"上。

江晓华经常讲：再苦不能苦孩子，再穷不能穷教育。社会一定要把最好的资源留给祖国的花朵，无论如何也不能让孩子失去上学的机会。除了积极支持家乡教育事业，江晓华还通过各种渠道去了解那些因为经济困难交不起上大学学费而面临辍学的学生。

2013 年 9 月 5 日，惠州市的《惠州日报》刊登了一则消息：惠城区龙丰辖区的小朱同学，拿到南方医科大学录取通知书后，既高兴又发愁。从小就喜欢中医的她，高考考上南方医科大学中医学五年制本科。考上心仪的学校和专业让她非常高兴，但 5 年的学杂费和伙食费却让她发愁。小朱同学的家里十分贫穷，住在一栋没有电梯的旧楼顶层，父亲之前在仲恺高新区陈江街道一个工厂工作，吃住都在厂里，每个星期回家一次。两年前工厂倒闭了，失业后他四处奔波找工作。有一次骑自行车外出找工作时，被汽车碰倒摔伤，自行车也摔坏了，为省钱他坚持不住院，在医院做了包扎后就回家。经过好长时间在多家工厂间辗转找工作，最终在陈江一家包装制品厂找到工作，每个月收入 2000 元左右。小朱同学的母亲在社区当保洁员，每月收入 1500 元左右。家里有六口人，每月家庭开支要三四千元，父母收入仅够一家人日常开支。

小朱同学是惠州市第一中学的学生，天生聪颖。爱好学习的她进入了学校顶尖的"宏志班"读书，在爱心人士帮助下顺利完成了高中学业。现在，她考上了南方医科大学，一年的学费和住宿费就要 7200 元。她还有一个妹妹读高中。两个孩子的读书费用开支对这个家庭来说压力非常大。

为了让小朱姐妹能够正常上学，她的父母亲之前已经借遍了所有亲朋好友，再加上亲戚朋友也都不富裕，很难筹措到学费。高考后小朱同学找了一份家教，挣了 2000 元。可眼看就要开学了，学费还差一大截。小朱同学一家只好向媒体求助。小朱同学说，她想做一个悬壶济世的好医生，但 5 年的学杂费和生活费对他们家来说是一个大难题，希望能得到好心人资助。

江晓华获悉了小朱同学的情况后，马上提出要资助她。考虑到小朱同学第一年到学校读书，所需费用会比较大，江晓华决定在她学费的基础上又增加了两千多元，到银行取了一万元现金交到了她的手上。

"谢谢江伯伯。"小朱同学对江晓华的热心资助很是感动，连声道谢，并表示，"等我有能力时，也会去帮助需要帮助的人。"

在江晓华的帮助下，小朱同学顺利完成了学业，迈入社会，走上了工作岗位。江晓华在担任惠州市律师协会会长期间，他还带领律协党委班子成员共同资助惠城区三栋镇某村 7 户贫困家庭的孩子上学，为贫困学子捐款，让他们能安心上学，完成学业。

江晓华资助贫困孩子读书，不是光给钱，时常还会抽空打电话问孩子的学习近况，还需要哪些帮助，真心希望自己资助的孩子能早日成才。多年来，他先后资助了河源市东源县、源城区、惠州市惠城区、惠东县等乡镇的十多位贫困学生入学。他还与一帮热心家乡教育事业的乡贤成立一个"教育基金会"。该基金会旨在助力家乡教育发展，资助家庭困难学生完成学业，奖励优秀学生以及优秀的教师，扶持家乡教育设施的配套建设，为坪围村下一代的健康成长，为坪围村教育事业的蓬勃发展添砖加瓦，贡献力量。

# 第十五章

从诲如流。何其有幸，曾与中国首席大法官同聊家乡话，共叙故园情，谨记前辈谆谆教诲。

河源历史悠久、源远流长，自秦置龙川县至今已有 2200 多年历史，上古属扬州南境，战国属楚。秦汉时属南海郡，南齐（483 年）始置河源县，隋唐宋属循州，宋属循州、祯州、惠州，元属循州、惠州，明清属惠州，1913 年属广东省都督府潮循道，后直属广东省革命政府东江行政委员会。新中国成立后，先后属东江行政委员会、东江行政专员公署、粤东行政公署、韶关地区、惠阳地区等。1988 年 1 月，国务院批准撤销河源县，设立河源市。

河源自古以来，人杰地灵，有多个"之一"：是岭南文化发祥地之一；南越王赵佗曾担任龙川县首任县令，是客家人开发岭南最早的地区，也是中国革命策源地之一；是全国最早开展马克思主义传播的地方之一；是全国最早开展农民运动的地区之一；是全国最早建立农村革命根据地的地方之一；是全国最早建立苏维埃政府的地方之一；是中共东江特委和中共后东特委的所在地，是东江纵队的革命根据地，是粤赣湘边纵队的活跃地区，是广东最早的解放区。中国共产党早期党员、广东革命史上著名的"东江三杰"阮啸仙、刘尔崧和黄居仁均来自河源。新中国成立后，河源更是人才辈出，为我国的建设和社会发展作出了突出贡献，其中最为知名的便是官至司法部部长、共和国首席大法官、最高人民法院院长肖扬。

肖扬与江晓华一样，也是新丰江水库的移民，老家就在现今的万绿湖码头到水月湾旅游区途中的水域一带。他毕业在于中国人民大学法律系，从广东省人民检察院检察长到共和国司法部部长再到最高法院院长，从主导创立第一家举报中心、第一家反贪局；建议中央选定"依法治国，建设社会主义法治国家"作为法制讲座的题目，推动依法治国方略的确立；到提出"公正与效率"，推动死刑核准权收回，推进法官职业化建设……毫无疑问肖扬是改革开放以来中国法治进步的亲历者和重要参与者。

肖扬非常热爱自己的家乡。几十年来这位从河源新丰江水库走出去的中国首席大法官，时刻牵挂家乡、关心家乡人民，每隔一段时间就要回家乡一趟，对家乡的许多事务提出殷切指导。同在司法系统工作的江晓华也跟家乡的骄子肖扬颇有情分，不时得到他的教诲。

江晓华仍记得第一次去拜访肖扬。在一个办公室，肖扬对江晓华这个家乡人很热情："小老乡，坐，抽烟么？来一支。"他虽说官至最高人民法院院长，却一点架子也没有。他跟江晓华用家乡河源话聊了起来，两人越聊越开心。

肖扬说："律师替犯罪嫌疑人辩护是国家法律规定、赋予律师的职责，为的是使法院减少错判案件，保证法院办案的质量。身为一个律师必不可少的是用法律的眼光看待客观事实，要切实维护每一个公民的权利，这样才能保障我们国家社会公平公正。"江晓华连连点头称是，他一直将这番话作为自己的工作原则。

1992 年，惠州市律师事务所进行改制，江晓华准备辞去公职开办律师事务所。家里人知道之后，都不是很支持，尤其是他母亲黎秀云十心担心地对他说："阿华，你好不容易闯出去了，有了一份固定的工作，端上了铁饭碗，为什么要丢掉呢……"母亲说着说着，掉下了眼泪："你现在可是要养家糊口的，万一律师事务所办不下去了，亏本了怎么办？"

江晓华觉得母亲的心情可以理解，她作为母亲，有这想法也不是完全没有道理。可江晓华依然坚持，理由是：要想干一番事业，就不能只看眼前，更要真正革除自己身上以及观念里的小农意识。

黎秀云担忧自己这个特别疼爱的二儿子吃苦，怕劝不了他，还四处搬救兵。江晓华好些亲友也纷纷过来劝江晓华："阿华，你妈妈的意见是对的。我们世代都是农民，知道当农民有多辛苦呀。可农民翻身只有两条路，一是去当兵，第二个就是读书。别人家的孩子读书读不了，你好不容易读出去了，有了一个非常可靠的人生保障，可千万不要舍弃呀。"

江晓华虽然主意已定，但家里人的反对也让他在心里提醒自己一定要慎重。为此，他把自己的想法向前辈肖扬请教。

当肖扬得知江晓华要离开体制创办律师事务所时，非常赞成，鼓励道："你们是我国改革开放后成长起来的第一批律师，任重而道远，中国法治发展和完善取决于年轻人的努力，我希望你切记要摒弃急功近利，稳得住自己，耐得住清贫，要对未来充满坚定的信仰。"

肖扬的谆谆教诲警醒着江晓华，也鞭策着他无所畏惧地勇往直前。

在与肖扬的交往中，让江晓华感触最深的莫过于他那"司法为民"的理念。2003年8月，肖扬在全国高级法院院长座谈会上说，全国各级人民法院一定要高度重视刑事案件超审限问题，严格执行刑事诉讼法的规定，杜绝超期羁押现象，要根据最高人民法院《关于严格执行案件审理期限制度的若干规定》和《案件审限管理规定》，加大力度清理超审限案件和未执行案件。对于那些一拖就是几年的严重超审限的案件，要通过"公正与效率"司法大检查予以彻底解决，绝不允许再出现类似的情况。肖扬提出一个原则："有罪则判，无罪放人。"他表示，今后再出现无故超审限并造成严重后果的，将按照最高人民法院"《格执行〈中华人民共和国法官法〉有关惩戒制度的若干规定》，追究有关人员的责任。从此，人民法院建立清理刑事超审限案件周报制度，各高级人民法院每周将所辖法院超审限案件清理情况书面报送最高人民法院刑事审判第一庭，最高人民法院将就各地超审限案件清理情况定期通报，对于审理期限即将期满的案件，加强警示、督办；对于确实无法结案的，就依法及时变更强制措施，并将变更强制措施情况及时通报公安机关、检察机关；对于事实不清、证据不足，不能认定被告人有罪的，就坚决依法宣告无罪，不得犹豫不决。

"有罪则判，无罪放人。"这个原则，立即在全社会引起了强烈反响，可谓好评如潮，也成了人民法院新的路标：司法为民。

江晓华为此也深爱触动，认为人民法院这个"司法为民"可以视之为高法转变执法理念和工作作风的一项重大调整，体现了人民法院工作人员面对责任和问题的实事求是的态度。这种态度决定了他们能正视现实，妥善处理现实问题，用与时俱进的方法开创新局。江晓华很欣喜高法这一"新路标"的出台，这标志着中国社会的核心法治力量将真正遵照"一切权力属于人民"的原则，起到"保护人民、打击犯罪、制裁违法、定纷止争、化解矛盾"的作用，从而促使中国法治社会的早日形成。

人在成长过程中，永远都需要有一个比自己眼界和认识更高明的人来指教。江晓华一直把肖扬当作自己的人生导师，经常在电话中向他请教问题，不仅在工作方面，还有在生活方面。每次，肖扬都会在百忙中抽时间给予悉心指导，让他少走了许多弯路。

2019 年 4 月 19 日 4 时，肖扬在北京逝世，享年 81 岁。江晓华闻讯，潸然泪下，十分悲痛，决定要去送这位尊敬的老乡、老院长一程。4 月 22 日上午，八宝山革命公墓礼堂庄严肃穆，哀乐低回。正厅上方悬挂着黑底白字的横幅"沉痛悼念肖扬同志"，横幅下方是肖扬同志的遗像。肖扬同志的遗体安卧在鲜花翠柏丛中，身上覆盖着鲜红的中国共产党党旗。江晓华在哀乐声中缓步来到肖扬的遗体前肃立默哀，向肖扬的遗体三鞠躬。

江晓华每当回忆起肖扬院长，脑海中总会浮现出这位中国首席大法官履行"司法为民"理念时那份坚毅的神态，以及他的谆谆教诲。

第十六章

红色品格。宝晟律师事务所为全省律师行业党建工作和基层党组织开展『创先争优』提供先进经验。

在广东宝晟律师事务所的官网上，有这样一条消息：

2019 年 11 月 16 日至 17 日，宝晟所党支部的党员律师、入党积极分子赴韶关南雄市委党校交流，并在党校老师的带领下参观学习了南雄省委瑶坑旧址、梅关古道及灵潭示范村，缅怀先烈，进行红色革命传统教育。

这就是广东宝晟律师事务所基层党支部主动创新，继承革命遗志，积极践行革命精神，不忘初心、砥砺前行，进一步丰富党组织活动的方式和载体。类似的活动在广东宝晟律师事务所经常开展，为新时期党建工作注入了新动力，党支部的凝聚力在这样的活动中发挥得淋漓尽致。

广东宝晟律师事务所在建所的 5 名律师之中，有 3 人是中共党员。江晓华说："宝晟律师事务所有今天的成就，就是因为当时创业初期的 3 名党员骨干力量，奠定了宝晟人今天的成就。"

第一个吃螃蟹的宝晟人紧紧依靠党的坚强领导，坚持服务大众为宗旨的原则，创立功绩，在律师行业中独树一帜，成为佼佼者。2003 年 1 月，在江晓华的努力下，惠州律师行业的首个党组织——中共惠州市律师事务所联合支部成立。作为联合支部书记，江晓华把惠州市分散在各律师事务所的党员律师凝聚在一起。为什么要建立党组织？江晓华认为："第一，党的方针政策具有前瞻性、全局性和引导性，如果我们能够贯彻好党的方针政策，可以少走弯路；第二，律师行业同样需要大量的德才兼备的人才，党员干部德才兼备，自身素质比较高，经过组织的培养，最可靠；第三，发挥领军优势，党组织有做思想工作的优势，可以发挥党的思想政治工作优势来化解矛盾、弘扬正气，这样就会产生凝聚力。"江晓华带领支部全体党员律师坚持党的领导、坚持中国特色社会主义法治道路，发挥律师专业优势，积极承担社会责任，协助各级党委政府做好维稳工作；坚持为人民服务宗旨，做好法律援助、法制宣传等法律服务工作，为社会积极作贡献。

2009 年 4 月，中共广东宝晟律师事务所支部成立（以下简称"宝晟所党支部"）。宝晟所党支部的成立，进一步明确了全体党员工作目标和方向，支部针对律师党员分散、工作时间不固定、组织活动较为困难的特点，积极探索沟通和协调机制，保证党建工作正常运作，着力打造规范、诚信、和谐律师事务，一是加强理论学习，从完善党支部的组织建设，加强作风建设入手，进一步巩固先进性教育活动成果；二是结合"八荣八耻"，从律师党员的职业特点出发，以依法维护当事人的权益，维护法律的尊严等主题开展讨论，并积极贯彻到日常中去，多种形式加强律师党员的荣辱观教育；三是探索开展党建活动与拓展律师业务有效结合的长效机制，充分发挥党组织在行业自律和服务中的积极作用，不断发挥律师党员在岗位上的先进模范作用；四是发挥党员律师扶危济困的示范作用，克服部分律师一味追求经济效益的思想倾向，在全所律师中树立起服务为民的职业观。江晓华在接受媒体采访时说道："作为一名党员律师，时刻要牢记党的宗旨和自己的职业使命，坚持维护和谐稳定团结的政治大局，维护社会的公平正义。"江晓华坚持党的领导，以党建促所建，充分发挥党员律师先锋模范作用，在抗击疫情、公共法律服务、传承红色基因、涉军法律服务等领域表现突出。在他的领导下，事务所不断发展年轻律师加入党组织，使党员人数从最初的 3 人，发展到现在 22 人，还有几名入党积极分子。

江晓华忠实于党的信念，忠实于法律的行为，积极地影响着每一个党员和工作人员，在全所上下形成了为党争光为所争荣的良好氛围。2008 年，四川汶川发生大地震，宝晟律师事务所的全体员工，在江晓华等党员的影响下，第一时间为灾区踊跃捐款十多万元，为灾区重建工作做出了积极的贡献。不仅如此，事务所的党员律师还在党支部的倡导下，深入到惠东县鹤楼村委会等偏僻农村为困难群众免费提供法律下乡服务，鼓励农民树立学法、知法、用法的思想意识，并帮助河源市东源县司法局、博罗县龙华司法所改建及业务建设，以及为惠城区水口街道贫困农民进行对口扶持等义务活动，受到当地群众的好评和称赞。江晓华说："我们通过党内党员和党群之间的互帮互助，形成了党员需要党组织，党组织帮助党员，党员帮助群众"的良好风尚。江晓华带领的宝晟所党支部党建工作中所取得的成功经验，充分说明了基层的党建工作，特别是律师行业的开展，始终要保持与时俱进、改革创新的精神，不断开创法律服务行业基层组织建设的新局面。

2010 年 6 月 25 日惠州电视台的"惠州新闻"报道：中共广东省常委、省委组织部部长胡泽君一行来到惠州调研律师行业党建工作和争先创优活动情况。广东省司法厅党委书记、厅长陈伟雄，厅党委委员、副厅长杨日华参加了调研；惠州市委副书记陈仕其，市委常委、组织部长陈训延，市司法局党组书记、局长陈少青，市司法局党组成员、副局长何运新、黄育辉等陪同调研……胡泽君此行就是来惠州调研律师行业"创先争优"活动。胡泽君在惠州参观了两家"先进律师事务所党组织"的党建工作建设，其中一家就是广东宝晟律师事务所。胡泽君在参观的时候说道："律师党建工作非常重要，因为咱们的律师是社会主义法律公正，不同于西方的律师，所以说不是简单地搞诉讼。"她充分肯定了宝晟律所党支部党建工作和创先争优活动取得的成效。在与宝晟所党员律师座谈中，胡泽君强调，要积极开展"创新争优"活动，促进律师行业党建工作发展，党建工作始终要坚持社会主义法治理念，坚持党的领导，为维护社会和谐稳定和社会的公平正义努力，党建与争优活动，要与律师的本职工作紧密结合，务求实效。胡泽君希望宝晟所党支部继续发扬成绩，积极探索，总结经验，在促进律师党建工作和行业可持续发展的同时，为全省律师行业党建工作和基层党组织开展"创先争优"活动提供先进经验……

江晓华和宝晟所党支部致力探索"红色品格"和"创先争优"的模式受到了党和上级领导的充分肯定，于 2015 年被中共广东省律师协会委员会评为"全省律师行业参与村法律顾问工作先进党组织"；2017 年被评为 2012-2016 年全省优秀律师事务所，并荣获"广东省律师行业党的建设工作市级示范点"称号；2018 年、2019 年连续两年荣获"全省律师行业先进基层党组织"称号；2021 年 7 月，被中国共产党全国律师行业委员会评为"律师行业先进基层党组织"。

第十七章

亲情大树。爱之花开放的地方，世代传承的荫庇福泽，生命蓬勃欣欣向荣，生活凝结累累硕果。

## 父母恩勤 大爱无边

　　江晓华的善良柔情，淋漓尽致地表现于对家人的呵护备至、关爱有加。他一直认为：国好家好人才好。家庭是社会的细胞，是生活的主要环境。每个人从生下来到生命终止，都离不开家庭生活这个主要环境。只有千千万万个家庭细胞和谐了，才能实现全社会的和谐。要创造一个和谐的家庭生活环境，每个人都应当依靠自己的智慧来苦心经营，用心来建设。一个人要想生活幸福，安心在事业上有所发展，必须要有一个美满的家庭。一个美满的家庭，可以提供给你安全感，让你感受到温暖；可以是一个避风港，让你得到安心休息和恢复旺盛的活力。幸福美满的家庭是事业成功的保证，也是社会和谐的基础，而幸福美满的家庭是要靠自己去创造的。

　　在坪围村，江晓华的父亲江良这个名字，大部分人都是十分熟悉。他是一个普通的小学校长，一个普通的教育工作者，一个普通的党员，在短短的六十来个春秋里，不曾轰轰烈烈，不曾波澜壮阔。然而，他却像一支智慧的红烛，以他所有的温情和爱心照亮着一批又一批的学子。他凭借对学生、乡邻无私的热情和真挚的爱心，诠释了平凡人生的全部意义。虽然他已经过世多年，但上了点年纪的人，一说起江良校长，他们就会流露出崇敬之情。许多人都以自己是江良校长的学生而自豪，他们说："我们现在还经常给孩子们说起江良校长，不全是因为他的课教得好，主要是他的人品好，风度好。"

　　在江晓华心中，父亲有一张严肃但备感亲切的面孔。他记得上小学时，父亲夏天多是穿着一件蓝制服，冬天就穿着一件灰黑色的棉袄。衣服虽然破旧，但却是非常干净整洁，让人一看就知道这是一个有文化素质的人。

　　江良把自己的一生奉献于教育事业。他刚开始是在围龙中心小学教学。

当时，人们受教育的意识还不强，教学条件特别简陋。江良为了让更多的孩子接受教育，经常上门挨家挨户去做村民思想工作，动员孩子的家长，让孩子上学。江良知道，农村的孩子要想改变命运，只有读书这条路子。随着学生的不断增多，年轻的江良不仅要当老师，还得当校长，后来又调回老家的坪围学校当校长，颇受家长和学生的尊敬和爱戴。江晓华当过教师，明白教师的生活是清苦的。准备教案，通宵不眠，只有油灯做伴；堂上讲课，解难释疑，不惜唇焦舌燥。每日如是，每月如是，每年如是。可父亲江良为了学生，甘愿献出自己的青春年华，漫长岁月，一腔心血，全部挚爱，兢兢业业在教育岗位上工作了几十年，直到终老三尺讲台。

江良虽说是一校之长，却还要在学校里担任教学工作。江晓华从老家石盒村出来坪围学校念小学后，许多课程都是父亲江良教的。父亲上课的时候，他习惯把两只手撑住讲台，头略往上，双眼炯炯有神，说到精彩之处，他还会举起双手在空中比画起来，声情并茂，生动有趣。江晓华和同学们都十分喜欢上他的课。

父亲除了教导他知识，更多的是教导他为人处世。在江晓华还在石盒村上村办小学一年级时，父亲有一天回来给他讲《孔融让梨》的故事。他告诉江晓华，孔融小时候聪明好学，才思敏捷，巧言妙答，大家都夸他是神童。四岁时他已经能背诵许多诗赋，并且懂得礼节，父母亲非常喜爱他。一天父亲的朋友带来了一盘梨子，给孔融兄弟们吃。父亲叫孔融分梨，孔融挑了一个最小的梨子，其余按照长幼顺序分给兄弟。孔融说："我年纪小应该吃小梨，大梨该给哥哥们。"孔融的父亲听后十分欢喜，说道："那弟弟也比你小啊。"孔融说："因为弟弟比我小，所以我也应该让着他。"

江良通过这个故事告诉江晓华，谦让，是人生中的一种美德。在家，谦让父母，谦让兄弟姐妹；在外，谦让长辈，谦让同学同事，谦让值得谦让的一切……

学校的教室墙壁上，写了许多标语。江晓华指着一行标语问父亲江良："爸爸，这'五讲四美'中的'心灵美'是什么？"

"比如一个用水晶和宝石镶嵌的碗，你觉得漂亮吗？"

"那应该很漂亮。"

"如果碗里面装满了粪便，你还会觉得它漂亮吗？"

"很恶心！"

"是的，不管外表装饰得多么华丽，里面如果装满了肮脏的东西，它永远和美沾不上边。可即使是一个简陋的木碗，假如里面装满了金银珠宝，它一样是非常美丽的！人的美也是一样，不要刻意去修饰外表的华丽，而忽视自身的内涵。要不断地用渊博的知识和高尚的品德这些美好的事物去填充，这就是心灵美。"

在学校饭堂，江良身为校长，却规规矩矩地站着排队。

年幼的江晓华跟在父亲后面，看到有些老师打饭时插队，便问父亲："爸爸，为什么他们不排队呢？"

"可能因为他们比较饿吧。"

"可我们也很饿啊，为什么不抢先到窗口去打饭呢？"

"你觉得他们这样做，对吗？"

"不知道，我感觉这样不太好……"

"这是一种不良行为！'排队'是一个社会公德的具体体现，排队打饭事小，文明素质事大，'人之立身，所贵者在德'，社会公德是每个社会成员在公共生活中都应该遵守的基本行为准则。人人都从我做起，并带动我们的家人、身边的朋友，自觉排队，遵守秩序，那我们的社会就会更加美丽、更加和谐、更加文明……"

在教师宿舍里，江晓华艰难地做完一大堆作业后，问在旁边一小书桌上备课的父亲："爸爸，学习真的那么重要吗？"

"当然了，为什么这么问？"

"许多同学说，书读得再多，可我们最终还是要回到村里去耕田种地，那学习还有什么用呢？"

"学习是非常有用的，第一是接受知识，能增长见识，做一个有独立思考能力的人。只有掌握了很多的知识，才能懂得很多道理，才不会被各种问题所左右，不会轻易迷茫。遇到问题才会有解决的方法和自信。第二是我们学习是为了把知识传递下去，人类文明需要知识的传承。这个任务需要我们通过不断学习来完成。"

……

通过父亲言传身教，江晓华慢慢懂得了"诚实做人，规矩做事"这句箴言的真正含义。

江晓华的爷爷不幸早逝，江良主动挑起了长兄为父的责任。在江晓华的印象中，父亲江良非常孝顺，在奶奶面前从来不说个"不"字，百依百顺。江良养育了江晓华兄弟姊妹 6 个儿女，虽然有着一份工资，但要养活这样一大家人是十分困难的。可不管如何困难，他都把自己的母亲照顾得妥妥帖帖。江良在学校饭堂吃饭，伙食稍好，学校提供的饭菜中，偶尔还有一些肥猪肉，可这些肉江良一块都舍不得吃，用小碗盛起来，待放学的时候带回家里给母亲吃，并要看着母亲吃完。他担心母亲疼爱孙子，把肉分给孙子们吃。江晓华兄弟姊妹六个，再加堂兄妹几个，有十多人，一人一小块，都分没了。江晓华兄妹也个个懂事，尽管对父亲带回家来的猪肉垂涎三尺，可就算父亲没有在旁边监督，谁也不敢去打半点主意。江良还要求江晓华他们给长辈端饭，一定要用双手，大人没动筷子，小孩子绝对不能先动筷子……这些都是小细节，却充分体现了对长辈的极大尊重。江晓华兄弟姊妹一直都是按照父亲的教导去做，养成了习惯，并教育着他们的下一代也这样做，让良好的家风和家教传承下去。

江良作为一个学校的校长，每个月有着一份固定的薪酬，在经济方面相比其他农户要好很多。江晓华记得在 1973 年，父亲的月薪是 58 元，当许多家庭还缺衣少穿时，父亲已经有了一辆自行车，尽管是二手的，但在那个特殊年代也算是相当高级的代步工具了。于是，村里的乡亲都喜欢借父亲的自行车去撑面子，尤其是那些年青男子，相亲时定要借江校长家的自行车一用。江良只要自己不用，他都愿意借。有人借去自行车并不知道爱护，有时把自行车的车把磕了，有时把自行车胎扎了，可江良也不计较，自行车该怎么借还是怎么借。

村里有个青年叫黄光（化名），三十有二，这在七十年代已算是超大龄青年了，因为家里穷，一直找不到对象，经人牵线搭桥，说龙川县有户人家愿意把女儿嫁给他，让他上门去看看。可黄光家里穷得什么都没有，怎么去见人呢？江良听说了，马上把自行车借给他，还把家里的那件蓝制服衣裳拿出来让他穿上，最终让黄光体面地把那户人家的女儿给接了回来。

在江晓华印象中，村里人经常来家里跟父亲借钱。

20 世纪 70 年代的农村，农民吃的基本不需要钱，口粮由生产队分配。在农村长大的江晓华，知道村民大多时候不够吃，除了农忙时或过年过节，平时三餐都喝粥。菜就自家种，除了大年大节，平时根本没肉吃，一年到头，吃肉能超过 10 次都算多了。

虽然吃的不用钱，但要用钱的地方可多了，做红事白事要花钱，生病抓药要花钱，小孩子读书要花钱，还有油盐酱醋等这些必需的日常生活用品，都是要花钱的。可当时农民能挣钱的渠道非常少。主要收入来源就三项：一是生产队分红，但劳动价值很低，一个壮年劳动力，一年大概是一百多元。劳力少孩子多的家庭，通常都是超支户，劳力多孩子少的家庭，才是余钱户，一家有两三百元分红算比较多的，但往往兑现不了，成了账上余钱户；二是养家禽家畜，牛是集体财产，不可私养。私人可以养猪，一年可养一两头猪，每头一百来斤。生猪统购统销，不可私宰，必须运到食品站宰杀，七成归国家，三成归养猪户，可以卖，或者自家吃。一头猪可换来成百元，最多一百多元。除了养猪，有些家庭养了一些鸡鸭，但因为粮食少，养不了多少。养鸡养鸭的目的不是卖鸡卖鸭，而是为了卖蛋，换点油盐钱，一年卖蛋也就换几十块钱而已。碰上'割资本主义尾巴'时，有些地方，规定一户只能养几只鸡，几只鸭，不准多养；三是有些人家，自留地里蔬菜种得多，吃不完或是省着吃，摘一些偷偷挑出去卖，可为家庭解决燃眉之急，可这风险极大，被人发现了，不但要没收蔬菜，还要受到批斗。农村大多男人当家，女人只管干活，不管家庭收支。许多农村妇女，连最大额的 10 元纸币都没见过。不仅妇女，包括一些男人，常常兜里掏不出一分钱也是很平常的事。

没钱，又急需钱怎么办？村民第一个想到的就是找江良校长借钱。全村人，几乎所有人家都找江良借过钱。有的人有打借条，有的人没有打借条，有的人有钱还，但更多的人没钱还。不是不肯还，是家里穷得实在拿不出钱来还。可无论如何，江良只要口袋有钱，他都慷慨解囊。其实江晓华也知道父亲虽然有份工资，但养了六个儿女，平时粮食根本不够吃，需要用钱去买些高价粮食回来补充。孩子们都在上学，学费这一块的负担就特别重，经济压力还是很大的。江晓华记得曾有一段时间，父亲江良的工资给一个亲戚借去治病了，家里的粮食又快没了，为此，他们家整整吃了三个多月的番薯稀饭，才挺了过去。父亲的善举给江晓华树立了一个古道热肠、慷慨好义的榜样。

"子欲养而亲不待！我父亲在退休后的第二年，就不幸患上鼻咽癌。"江晓华回忆起父亲就忍不住泪流，"父亲得病对于当时的我来说，觉得是上帝跟我开了一个残酷的玩笑，在自己有能力让父亲过上幸福的晚年生活时，他却驾鹤西去了。"

江良逝世时，江晓华老家房子的里里外外，黑压压肃立着全村男女老少，他们大部分都是江校长的学生，甚至全家老老少少都是。江校长教育他们读书识字，教育他们为人处世，还为他们排解过许多忧难……

江晓华的母亲黎秀云原来一直跟随在父亲江良身边，在学校里做一名后勤工作人员。后来，她去县城学习了新法接生，经过学习培训，成了乡里一名专职接生员。

刚开始时，找黎秀云接生的人很少，大家都认为她是个新手，对她的新法接生持怀疑态度，怕让一个没有经验的接生员来接生不太稳妥。这也与当地的一些"接生婆"有关系，因为她们怕黎秀云的新法接生推广了，就断了她们的财路。黎秀云根本没想跟这些老"接生婆"抢生意，只是她感觉一些老"接生婆"没有学过解剖学知识，根本不了解妇女的生理结构，只会凭着感觉蛮干。遇到那些难产的孕妇，她们甚至把手伸进产道死拉硬拽，造成大出血，更恐怖的是有些接生婆竟把胎儿和子宫一起从产道里拖出来。这些粗暴的手法，不是在接生，而是在害命啊！

有一次，邻村的一个产妇难产，接生婆折腾了一天一夜，也没能把孩子给接生下来。那时，农村的人根本就没有送孕妇到医院去生产的意识。眼看就要发生一尸两命的惨剧，黎秀云得知情况后，主动上门去帮助。进门后，她发现那个接生婆竟然倒骑在产妇的上身，使劲地挤压着产妇高高隆起的腹部。产妇奄奄一息，早已痛得麻木了，任由接生婆摆布。接生婆认得黎秀云，看到她进来了，心中很是恼火，大声叫道："你来干什么？这里没你的事！"她要男主人把黎秀云给轰出去。

男主人是个老实巴交的农民，尽管他心急如焚，却被接生婆一声怒吼，竟然吓得不敢违抗，想把黎秀云拉到门外去："那个嫂子，我知道你的好意，我是先叫了她的，有个先来后到，还是让她来吧！"

老婆和孩子的命都快没了，还顾及什么脸面情理？黎秀云看到产妇的脸色苍白，气若游丝。这个愚蠢的接生婆可能把产妇当成老母鸡了，用力挤就能把孩子像鸡蛋那样给挤出来。她情急之下，不仅没有退缩，反而生气地将男主人的手甩开，大步向前用力一把将那个骑在产妇身上的接生婆拽到地上，喝道："你这样是要出人命的！"

那接生婆也许是被黎秀云用力摔在地上伤到了，也许是她也意识到情况的严重性，也许她想趁机甩锅给黎秀云，就趴在地上一动不动。

黎秀云无暇理会他人，赶紧从药箱中取出生产工具，用酒精把双手消毒后，马上检查产妇的胎位，发现这个产妇竟然是个横胎，如果不把胎位移正，那是无论如何也生不下来的。她严肃地对产妇说，如果你想活命，想孩子平安，你就要配合我。早已被折磨得死去活来的产妇，把黎秀云当成了救星，马上虚弱地点了点头。黎秀云冷静地用双手不断地移动胎位，花了将近半个时辰，终于把胎位移正，顺利地把孩子给接生下来，母子平安。

多年后，黎秀云再跟儿子江晓华讲述起那个救人情景时，仍不免心有余悸。她说，那时的情况已经是糟糕透了，因为胎儿在产妇腹中给折腾了那么久，十分危险，极有可能死去了，如果不幸死了，就算顺利接生下来，这严重的后果就都得要她来承担了。

死里逃生的产妇，满月后，抱着孩子亲自上门来跪谢黎秀云，事后还成了黎秀云的义务宣传员，到处现身说法，赞扬黎秀云的高超接生本领。口口相传中，黎秀云不久就名声远扬，人们都争着请她过去为产妇接生。附近的村庄，经常都有她忙碌的身影，大多数人家的院子，都留下了她的脚印。

黎秀云不断积累经验，利用自己所学的医护知识，凭借对乡邻无私的热情和真挚的爱心，接生的孩子数不胜数。她不论严寒酷暑，不论刮风下雨，不管是三更半夜，或是凌晨清早，只要孕妇需要，随叫随到，精心接生。对家庭困难的产妇，她分文不取，连一个鸡蛋都不拿。她一生接生无数，却没有发生过一例死婴案子，成绩辉煌。她的技术和品德在坪围村附近的十里八乡有口皆碑。

母亲的敬业精神也直接影响到江晓华，以致他在从事法律工作时，不管案件有多么困难，他都全力以赴，做到最好。

母亲黎秀云工作到了六十五岁，在江晓华兄弟妹的强烈要求下，她才停下了接生员的工作。到了晚年，她还经常怀念为人接生的那些岁月，甚至是卧病在床，还不时给儿子江晓华讲述她一个个惊心动魄的接生故事。江晓华很好地继承了父亲的那份孝心，对母亲极为孝顺。每个星期六或星期日，都必定会安排出时间来跟母亲团聚一下，或是他从惠州开车上河源去，或是让哥哥、弟弟把母亲接到惠州来。每次跟母亲团聚，江晓华都会给母亲捶捶背，揉揉肩，有了喜悦的事就跟母亲分享，心永远跟母亲相通，想母亲所想，急母亲所急，永远把母亲装在心里。

老太太心胸宽阔，性格开朗，健健康康地活到 86 岁。黎秀云过完 86 岁生日不久，突因胃部不适，吃不下任何东西，一吃就不断呕吐，送去医院检查才得知是胃癌晚期。

得知检查结果的江晓华，伤心欲绝。江晓华在惠州市中心医院给母亲找到最好的医生，提供医院最好的治疗条件，为母亲做出了最大的努力来跟病魔搏斗抗争。在母亲住院期间，他不管多忙，都会抽出时间去探望，陪母亲聊天，报告自己在律师事务所的工作情况和外界信息，让母亲放心。

母亲吃不下饭，为了给母亲补充营养，平时很少进厨房的江晓华，认真地研究起炖品，给母亲做营养汤。他听医生说母亲打针服药多了，身体非常虚弱，就到市场上去买来红枣、桂圆、党参等食材今天炖乌鸡，明天炖瘦肉，后天炖鸽子……每天变着花样做好炖盅给母亲送过去，然后一汤匙一汤匙地喂母亲喝下去。

黎秀云一看到儿子江晓华，就十分开心，就像没病的人一样躺在床上和儿子聊天，或像个孩子一样对儿子说："阿华，给我讲个故事吧。"

江晓华听了，就会立即站起来，声情并茂地给母亲讲起他的法律诉讼故事，一举一动都透露着温情。不管江晓华讲的是什么样的案例，在黎秀云的耳朵里，都是最动听的故事。她要听儿子讲故事，或者跟儿子聊天，直到自己确实累了，想要睡一会儿，才挥手让儿子回去。江晓华和母亲之间的深情，让医院的医护人员真切感受到了什么是"母慈子孝"。

一天，江晓华下班回家看到负责在医院照顾母亲的妻子眼睛红红的，似乎刚刚哭泣过，他还没问，妻子便哽咽着对他说，妈妈的病情又恶化了，怕是挺不了多久了。话没说完眼泪就一颗一颗地往下滴，江晓华心中非常难过，泪水也是止不住地一涌而出。母亲无法正常饮食，最近汤水都喝不下，鼻饲也不行。这样水米不进，如果没有奇迹，母亲恐怕是无法渡过难关了。江晓华尽管心里一直不愿意接受，但已经有了思想准备，他知道母亲到了这个时候，是很痛苦的，昼夜被胃痛折腾得死去活来，这时死就不是一种痛苦，而是一种解脱。

江晓华宽慰着妻子，对哥哥、弟弟、妹妹们，他也尽量表现出轻松自然，其实他一想到母亲躺在病床上的模样，心中就像被锥子扎到一样，痛不欲生，这种心酸撕扯和情感煎熬，没有经历过生离死别的人完全体会不到的。可他明白自己是这个大家庭的主心骨，在悲伤的打击和折磨下，如果任由自己崩溃，那全家就乱套了。

在母亲弥留之际，江晓华一直陪伴在母亲的身边。母亲大部分时间都是迷迷糊糊地睡着，有一天她醒来了，把江晓华召唤到床前，双手不停地抚摸着自己最疼爱的这个二儿子的脸，可她已经说不出话了。江晓华心如刀割，泪水直流，明白这有可能是母亲回光返照的一次清醒，便紧紧地握住母亲的手，泪水汹涌地哭道："妈，我在这里，你要挺住，你一定会好起来的！"可母亲安详地摸了几下儿子的脸，双手便慢慢地垂了下去，合上眼睛又睡了，永远地睡着了。她走得很平静，很安逸，也很满足。

黎秀云回到家乡出殡时，送葬的队伍很长很长，都是村民自发参加的，他们绝大部分都是被这个平凡而又伟大的女人的双手接到人世间的。

## 夫唱妇随 相濡以沫

参加工作后的江晓华，已经成了一位引人注目的英俊后生，加之他身上透露出来的那种有文化涵养的素质，使他各方面都给人一种很不一般的印象。江晓华最大的长处，是他渊博的知识和口才。他具有超常的说服人的能力。他饱满方正的脸非常有亲和力，给人以天然的信赖和诚恳。在乡镇，这样的后生往往成为年轻姑娘们所暗暗爱慕的对象。江晓华无论在河源老家还是在工作的石坝镇，都有许多仰慕者。可在江晓华接触的女子中，却只有一位优秀老教师的女儿让他一见倾心。这个人就是张慧珍。

1984 年，江晓华因教学成绩优异，被调到石坝中学任教。学校把他安排到校门口对面的一栋教师宿舍楼。这是一座三层楼房。江晓华的宿舍在二楼，与其同在二楼居住的是石坝中学一位资深的数学老教师张老师及其家属。因江晓华只身一人，便住在二楼最里的一个单间。

江晓华第一次看到张慧珍是在一个中午。他收拾好了自己的单人间，正准备出去买点生活用品，出门时遇到了张慧珍下班回家。她站在金灿灿的阳光下，身材修长，就像是一株缀满了红樱桃的临风玉树……

"你好！你就是新来的江老师？"张慧珍主动打招呼。良好的形体，端庄秀丽的面容，甜甜的、富有磁性的声音令江晓华怦然心动，一见倾心。她从此成了他心中的女神，无论是上课还是生活，眼前总是飘动着她的倩影。

尽管江晓华内心十分喜欢张老师的女儿张慧珍，一天没见到她，就像丢了魂似的，尤其是得知她还没有对象时，心中更是期盼能和她建立男女朋友关系，可江晓华又非常矜持，在男女之事上，他的思想非常保守，虽然近水楼台，却是一直不敢向心爱的人表白。也许是张慧珍身上那种与乡下姑娘不同的端庄气质，也许是张慧珍身上那种很纯粹的东西让他不敢造次，也许是在他这个农家子弟的内心里，还有些自惭形秽的意思……一直挨到了他到石坝中学任教的第一个寒假。江晓华决意要利用假期来寻找机会发展他们的关系。

一天，江晓华看到张慧珍在石坝圩集上看人家卖小鸡，他借机走上去："哦，这些小鸡真可爱呀！"张慧珍对他笑道："是的，很可爱，我想买 10 只回去养呢！"江晓华一听，赶忙说道："太好了，我也想买 10 只回去养。"于是，他们就各人买了 10 只小鸡用个鸡笼拎回去。回到宿舍楼，江晓华有点为难地说："我之前没养过小鸡，怕养不好，你能不能帮我一起养？"张慧珍脸上一红，却没有拒绝，点头小声地回应道："好的。"江晓华见张慧珍同意了，喜出望外，她愿意一同养小鸡，那就等同于她也默认自己了，今后就有机会在一起了。想到这，他就赶紧到外面去跟人家要了几根竹子，破开篾条编成一张大大的竹栏，然后放在楼下的一棵树下围成一个圈，再把 20 只小鸡一起放了进去。此时，张慧珍也从家里拿来剩米饭，用个小碗盛着，放进围栏里。20 只小鸡在围栏里欢跑了几圈，见有吃的，就纷纷跑到碗前面抢吃。

江晓华和张慧珍就在围栏外边蹲着，看着小鸡欢快地来回奔跑、啄食，场面十分有趣，气氛十分温馨。江晓华没说话，张慧珍也没说话，大家都安安静静的。江晓华手上抓着一把大米，时不时扔下几粒，看看抢吃的小鸡，又看看面前心仪的人儿。她一言不发的时候，有一种高贵的、梦幻般的感觉，很端庄，很秀气，很美，像诗一样。他梦寐以求的姑娘就是像张慧珍这样的姑娘啊！江晓华感觉自己的精神突然被一缕强烈的阳光照亮了。

从此后，随着接触的增多，两颗年轻的心就慢慢地靠在了一起，来来往往，也不拘束了。他们不光经常在一起喂小鸡，也抽空会到外面去走一走，逛一逛，谈论生活、谈论人生。江晓华口齿伶俐，学识渊博，说话头头是道，深得张慧珍的喜欢。可张慧珍在和江晓华谈恋爱时，心中也是矛盾的，父母亲似乎并不是很支持自己跟江晓华在一起。张慧珍出生在一个教师家庭，排行老大，祖父祖母在香港生活，父母亲也都取得了香港居住证，家庭经济条件相对优裕，而她也有份稳定的工作，在镇里的一个外贸部门上班。他们认为江晓华虽然是个公办教师，但工资太低，家里哥哥弟弟妹妹又很多，负担很重，怕自己女儿嫁给他，日子会过得很艰苦。可张慧珍从来不是个娇气的人，良好的家庭教育让她又传统又单纯。在她这样的年龄，一旦内心真正产生了爱情，便认定了，哪怕是跟着这个所爱的男人去受一辈子苦，也心甘情愿。张慧珍的父母亲看她本人这样坚决，也没有太多的阻拦。江晓华终于和张慧珍迈进了神圣的婚姻的殿堂。

一个有着良好品格的女人，在与男人的相处中，是占上风的。江晓华上课时说话高腔大口，慷慨激昂，可他回到家，就会变得特别和气，从不大声说话。有时候，他还会像小媳妇一样，在妻子面前赔着小心……夫妻俩相濡以沫、恩爱前行。一个是秤，一个是砣；一个是树，一个是藤；一个是太阳，一个是月亮；生活过得平淡而又幸福。

在江晓华辞职离开石坝中学到惠阳地区法律顾问处工作期间，曾度过了一段人生最黯淡无光、最落魄的日子。由于当时教师的工资不高，江晓华的工资几乎全用于帮补自己的弟弟妹妹读书。尽管夫妻俩婚后省吃俭用，但在经济方面还是紧巴巴的，没有任何存款。江晓华到惠阳地区去联系工作时，因为工作一时没着落，口袋里的钱却慢慢地花光了，最后只剩下两角多钱。江晓华为了填肚子，连包子都舍不得买，而是从一个摆地摊卖自产果蔬的人那里买了一挂已经生出无数黑斑的芭蕉来果腹。更麻烦是，他没钱住旅馆了，无奈之下，他只好去找在惠州市工作的老乡寻求帮助。他记得有一个同姓的老乡在惠州的教育部门工作，好像是在汽车站附近居住，于是就决定去找寻。他走在惠州的大街上，无心观看美丽的西湖，边走边打听，就像走在荒原上一样，满心的凄凉和落寞。在临近天黑之时，他终于找到了老乡江秉超先生。按辈分，江晓华称呼他为叔叔。江秉超热情地招待了这个清瘦而憔悴的小老乡，马上给他做吃的，还将他安顿下来，帮助他度过了一段十分艰辛的日子。

因江晓华已经辞职，学校那边便收回了他所住的宿舍房，要他们搬走腾出宿舍房给其他的教师居住。此时，张慧珍已怀有七八个月的身孕，在客家地区，有个不成文的习俗，就是家中有孕妇不宜动土或搬家。古人认为，妇女怀孕时如果动土或者搬家，容易动了胎神和胎气，对生产不利。可善良的张慧珍没有让学校为难，也不想给在惠阳地区找工作的丈夫增加思想负担，便听从学校的安排，搬到了另一所乡村学校的一间简陋的宿舍房去。

江晓华从惠州回到石坝镇，见到脸庞憔悴、大腹便便，从小就娇生惯养的妻子竟然住到一个泥砖瓦房宿舍里，难过地抱着妻子泪水直流。他想补偿妻子，让妻子增加一点营养，可自己已经身无分文了，从惠州回来，还是厚着脸皮蹭人家的一辆货车坐回来，那是他一个学生的家长。走投无路，又不太愿意劳烦他人的江晓华，忽然想起妻子张慧珍结婚送给自己的那枚金戒指。他决定拿着这枚家中唯一值钱的物品去换点钱回来，给妻子买点好吃的补补身子。可他却不知道哪里可以把黄金变成现金的地方，想着银行里面有售卖黄金，也有抵押贷款，就准备把金戒指暂时抵押给银行，借点钱来周转一下，等自己有了新的工作，拿到了工资再把戒指给赎回来。于是，他来到河源的一家银行里，鼓起勇气走到柜台前，掏出戒指询问里面的工作人员，可否用金戒指抵押借点钱来周转一下。银行里面的所有工作人员都用非常诧异的眼光看着这个斯斯文文的男人。一个女工作人员向他摇了摇头，告诉他银行里并没有这样的业务，让他到别的地方去看看。江晓华脸红到脖根，脑袋嗡嗡作响，觉得抬脚很沉，越来越沉。他失望地离开了银行，不知道该怎么办？当他沮丧地回到那简陋宿舍时，没想到母亲黎秀云过来探望他们夫妻俩。黎秀云看到了儿子的窘迫，悄悄地给儿媳妇留下了二百块钱。她知道自己的儿子自尊心强，给他钱他是不会接受的。

幸好，没过多久，江晓华的工作便有了着落，进入惠阳地区法律顾问处上班，同时也把妻子从那间简陋的宿舍里搬了出来，一起来到惠州安了家。张慧珍心地善良、性情温和，她深知自己的丈夫是一个敢于进攻，勇于突破的优秀律师，就一直在他背后不显山不露水地支持着，把家庭打理得井井有条，让丈夫可以心无旁骛地发展事业。

江晓华与张慧珍的爱情朴实无华，于平淡细微之处皆可看到彼此之间的浓浓爱意，以及朝夕相处的高度默契。几十年来，江晓华与妻子张慧珍一直相互尊重、相互体贴。不管是经济拮据时期还是后来事业兴盛，无论是身处顺境还是陷入艰难困境，他们都相濡以沫，让这个温馨的家庭，充满着无限的活力和生命的热情。

有位哲人曾经说道："爱情给人以美好的生活，事业给人以前途和光明。如果把人生比作搏击风浪的航行，那么事业则是船只，爱情则是船上的帆。"江晓华后来在律师行业中闯出一片天地后，他一直认为自己事业的成功与妻子张慧珍的支持分不开。夫妻同心，其利断金！

## 岳父岳母 孝思不匮

江晓华的岳父后来移居香港，现已是一位八十多岁的老人，得了严重的白内障，仅能看到一点微弱的光，几乎失明了。江晓华的妻弟妻妹工作都很忙，无暇照顾，岳父在香港那边，生活极为不便，可他又不愿整天待在家里，就常常一个人摸索下楼到小区里的一张石凳上坐坐，闻着风里的声音，找着跟人说话。同小区认识的人从他身边走过，有时会给他搭句话，有时就走过去了。大部分时间，他就默默地坐着，一脸怅然，直到太阳落山的时候，他才慢慢站起身，挂着一根拐杖摸索着走回去。江晓华几次到香港去探望，见到岳父这副模样，心中十分难过，便和妻子张慧珍商量："爸爸眼睛不好，生活非常不方便，我们得把他的眼病给治好。"于是，他便到深圳一家眼科大医院去咨询怎么做白内障手术，问得差不多了，就跟岳父说这个事，没想到岳父一口拒绝了："治什么治，我都这么一大把年纪了，说不定哪天就走了，费那些钱干什么呢？"江晓华便不断地做他的思想工作，经过几番劝说，岳父才同意到深圳这边医院来做白内障手术。妻弟妹见江晓华做通了父亲的思想工作，愿意去做眼睛手术，也很开心，说："姐夫，我们不能让你一个人掏这个钱，我们弟妹也要分担，这样吧，你包爸爸一只眼睛，我们包爸爸另一只眼睛。"江晓华听了哈哈大笑："你们有这份孝心就好，你们在香港这边拖儿带女的，经济不宽裕，还是全部由我来负责吧。"岳父做手术的时候，由于妻弟妹在香港那边工作忙，脱不开身到深圳来陪伴父亲，江晓华便以女婿身份签了字，悉心照料，事必躬亲。术后，岳父的眼睛恢复得很好，现在能上个街，逛个店，照看一下孙子，可开心了。

岳母原是博罗县石坝镇一大户人家的女儿，有兄弟姐妹九人。近些年，因生老病死，走了好几个，剩下一个哥哥、两个嫂嫂和一个姐姐。江晓华一次到香港去看望岳父母时，了解到岳母很想回大陆到娘家去看看。江晓华便把岳母接回惠州，亲自开着汽车载着岳母向石坝镇驶去。阔别娘家数十年，岳母一路都高兴得像个孩子。

到了娘家的村子，江晓华想扶着岳母走，她没让。他们就漫步走在乡村起伏的泥土路上。岳母走走、看看、停停，没有说什么。可江晓华能理解，岳母行在这生养她的地方，一定有很多眷恋。

村民们大都下地去了，村中只有少许长者和孩童。有几位认识的长者上前热情招呼，盛情挽留吃饭，岳母都笑着一一回应，谢绝了，一股浓浓的乡情，格外温馨。

岳母的哥哥姐姐都在家里等候着多年未曾谋面的妹妹，兄妹姐妹相见，各诉衷肠，分外高兴。江晓华早准备了许多香港货，代岳母给每个亲戚都送一份，年老的还每人再送一个千元大红包，里里外外都替岳母打理得有条不紊。岳母回娘家那天流了许多开心的泪水，为见到了自己的娘家人，更为自己有一个贴心的好女婿。

每年"五一""十一"这两个"长假"，江晓华无论自己多忙，都会请岳父岳母外出旅游，他认为自己要在岳父母腿脚尚且灵便之时，带他们走过千山万水，在岳父母眼神尚且明亮之际，带他们多看世间风景。在波光粼粼的海滩，江晓华与岳父母并肩而坐看夕阳；在风吹草低的草原，看岳父母的发丝拂过笑脸；在庄严肃穆的庙宇前，江晓华与两位老人携手一起转动经幡，还有什么画面，能比彼此陪伴更美更动人？

生活本身就是一首诗，而陪伴，是所有诗歌里，最令人动容的柔软，也是对长辈最贴心的孝顺。

## 言传身教 芝兰玉树

江晓华有两个女儿。他非常爱孩子，可他的爱不是溺爱，他认为爱孩子不可以把他们当作珍珠玛瑙那样去爱，爱孩子就要为孩子的未来负责，必须从小培养孩子的自立精神。

作为一名资深律师，江晓华接触过许多家境殷实的家庭。对外，他们是主政一方的高级官员、年薪百万的公司高管，身家过亿的企业家……他们人前威风八面、呼风唤雨，一副成功人士的样子，但一说到孩子，他们许多都会摇头叹息，搞不清自己的孩子为什么不爱学习，为什么那么叛逆，为什么会沾上抽烟喝酒的恶习……

曾经做过老师的江晓华明白，那是因为这些家长日常的教育不善，打着家庭责任的名义拼命挣钱去了，孩子由于缺乏父母陪伴及正确的身心教育，往往会出现一系列心理健康方面的问题。稍微正常点的，就整天抱着手机玩游戏；不正常的，则年纪轻轻便涉嫌刑事犯罪，强奸抢劫作恶多端……以至孩子最后成了一个"问题少年"。

江晓华在孩子爬行和学步阶段，他就鼓励孩子："一步两步三步，好！跌倒了别哭，自己爬起来再走，好！一二一，一二……"孩子们果然不哭，果然跌倒了爬起来再走。

在日常生活中，江晓华在孩子面前非常注意自己的言行举止，认为只有自己优秀，才能带出优秀的孩子。他借助一切可以利用的机会来教育孩子。在孩子稍微长大时，江晓华有意识地让孩子受点"苦和累"，在暑假寒假时，常常把她们带回老家坪围村下地去体验农村生活，跟着村民一起去干农活，让她们拔花生、挖红薯、割稻谷，让她们见识农民伯伯在田里汗流浃背地干活场景，理解"谁知盘中餐，粒粒皆辛苦"的含义。

在他的不懈努力下，他的两个女儿都非常坚强独立，学业有成，十分优秀。

江晓华的大女儿江珊珊毕业于北京师范大学（珠海分校）法学本科。读大四的时候，因为表现出色，被渣打银行深圳有限公司提前录用。渣打银行那时刚开始进入中国大陆，所有业务都刚刚起步，江珊珊成为了首批"拓荒牛"。她从一个客户主任开始做起，兢兢业业，一干就是三年。随后她又进入华南理工大学攻读法律硕士并加入广东宝晟律师事务所成为一名助理律师。

"我的父亲是一名律师，经常给我讲他的诉讼故事，甚至我的下饭菜常常都是'今日说法'。小学时就旁听父亲的庭审，耳濡目染下，'我也想成为一名律师'的念头渐渐生根发芽。当然，我选择做一名执业律师，更重要的原因，是大到经济社会建设，小到每个人的工作生活，都越来越离不开法律。尤其是进入 21 世纪后，中国律师对民事和经济事务的参与越来越广泛，律师的服务领域不断扩大，从传统的诉讼领域逐渐扩大到贸易、投资、金融、期货、证券、企业并购、知识产权、税务、房地产等众多非诉讼领域……"江珊珊最开始做父亲的助理，负责整理案件材料，撰写法律文书。父亲对她要求十分严格，尤其在撰写法律文书方面。他教导女儿说："法律文书，无论是事实还是说理的部分，条理都需要清楚。务必将从当事人处了解的事实，以法律思维书写并呈现出来。"由于江晓华曾是语文老师，因此对女儿的法律文书如何规范地运用"法言法语"，从语句的表达方式，到一个标点符号的运用，都十分严苛，不能有误。他认为，这是一个法律人最根本的素养。同时，江晓华还拿出许多自己的法律文书让女儿学习，并要求她对一些案子提出自己的见解。

江珊珊无数次捧读父亲江晓华的法律文书，尤其是辩护词，每次都能读出新意，读出力量，甚至读出感动。那一篇篇辩护词见解之超拔，逻辑之缜密，文字之行云流水，特别是字里行间遮掩不住的激情，令人叹赏。这些辩护词不仅仅是用语言文字写就，而是浩然正气，铮铮铁骨和赤子之心凝练而成。

在给父亲做助理的长期学习过程中，江珊珊找到了作为一名律师应该秉持的标准，那就是"真、善、美"。真，是对真相的追问，对真理的追求。父亲总是抱着"我不入地狱谁入地狱"的信念，依靠扎实的证据，及对法条的透彻理解和娴熟把握，或层层剥笋势如破竹，或以子之矛攻子之盾，尽自己的最大能力去拨开案件的层层迷雾，还案情以本来面目。善，是悲天悯人的情怀，是赤子之心的流露，表现为对弱者的关爱，对良知的守护。在父亲的眼里，"案子没有大小的区别，更没有名人和老百姓的区别"，他接案的标准，则是"问问良心，是不是不管不行，人同此心，情同此理。"父亲谈及草根阶层总是情动于衷，甚至眼含泪花，他也因此赢得了客户的尊敬和信赖。美，是真理的光辉，人性的诗化。父亲的辩护词不仅大气磅礴，而且文采飞扬，堪称艺术精品、美文典范。父亲博览群书、触类旁通，水到渠成。更重要的是，父亲如今虽已至退休年龄，却始终保有一双发现美的眼睛，一颗爱美之心。

要做律师，首先得有律师资格证。律师资格考试号称"天下第一考"，考生中不乏名牌大学的高才生，其中有不少在读的硕士、博士，可每年考试的通过率都非常低。与高考相比，律师资格考试的残酷程度更加激烈。高考是与普通人的较量，而律师资格考试则全是高手过招，没有真本领，就会成为一名败将。在 2014 年，江珊珊过五关斩六将，终于顺利地通过了国家司法考试，成为了一名真正的律师。

江珊珊接手的第一个案件是一个民间借贷纠纷案，受委托成为原告的代理人。被告因资金周转，向原告借了一笔钱，约定利息为月息 2.5%，在第一次借款到期后，被告无力偿还，便向原告要求延长借款，并将未归还的借款本金及利息重新签署了借条给原告。此后的七八年间，被告不断要求延期，最终累积的借款本金及利息计至起诉为止，共人民币 120 多万元。原告多次要求被告偿还借款本金及利息，被告均推脱甚至不接电话，故原告想通过法律途径来维护自身的权益。

2014 年，最高院发布了关于民间借贷的司法解释，简单来说民间借贷关系里，若约定的利息是年息 24% 之内，法院予以支持；若介于 24% 至 36% 之间，已经支付了的，可不予返还，但尚未支付的，则不能给予支持；若超过了 36%，则属于高利贷，法律不予以支持。（注：2020 年 8 月 20 日，最高人民法院发布关于民间借贷新的司法解释，大幅度降低民间借贷利率的司法保护上限。本次修订将原来的 24% 和 36% 的上限，调整为一年期贷款市场报价利率（LPR）的四倍。以 2020 年 7 月 20 日发布的一年期贷款市场报价利率 3.85% 的 4 倍计算为例，民间借贷利率的司法保护上限为 15.4%。）

江珊珊对案情仔细分析，力争最大限度维护原告的权益。虽然双方约定的月息 2.5% 超过民间借贷司法解释中月息 2% 的上限，但在 2%-3% 的范围内，因此被告之前偿还的利息，可不予返还。本案的另外一个焦点在于借款本金是多少。之前也有提及这段借款关系持续了七八年的时间，借条不断更替，以至于原被告双方均不清楚原始的借款本金是多少。江珊珊抽丝剥茧，通过对返还利息的金额及年限的计算，最终确定借款本金是 40 万的事实，并成功诉请除 40 万本金外，被告还需按月息 2% 向原告支付利息（自借款 40 万之日起计算至借款还清为止，扣减已偿还部分）。因江珊珊在诉讼过程中要求法院查封了被告的其他资产，故案件在执行过程中，原被告双方迅速达成执行和解，最大限度地维护了原告的利益。

江珊珊从事律师职业后，对她影响最大、印象最深刻的莫过于与父亲江晓华一起并肩作战，把一宗商业标的 3 亿元的民事纠纷案件打到了最高人民法院。

那是一个关于"融资租赁合同"的纠纷案件。原告某公司诉称，其用三亿元人民币购买了被告的不动产（一栋大楼），然后又将这不动产重新租回给被告使用，租期为 60 个月，每个月的租金为购买款的 7%，租赁期内租赁物的所有权属于原告。融资租赁合同签署后，被告未依约支付租金，故原告主张被告将租赁标的物过户至原告公司名下，并支付三亿两千多万的租金及罚息。而被告辩称，原告与被告签订的合同性质是名为融资租赁实为企业间借贷。

江晓华接受被告的委托，成为被告的诉讼代理人。江晓华仔细分析案件，理清本案属于"售后回租式融资租赁"，是承租人和出卖人为同一人的融资租赁方式。融资租赁是以融物方式实现融资目的的交易，具有融资和融物的双重属性，缺一不可；同时，融资租赁是以物权保障租金债权实现的交易，出租人必须拥有租赁物在租赁期间的所有权，才能通过物权担保有效保障债权。在实际履行合同中，原告未要求被告履行房产过户的义务，且双方至今未办理案涉房产产权变更登记。江晓华就从这个角度入手，为其委托人争取利益最大化。

因为这个案件难度很大，胜算极小，并且对方聘请的又是国内顶尖律师，被告人之前曾找了好几家知名的律师事务所，但他们都知难而退。可江晓华却不同，越是大案，越是难案，他就越感到兴奋。当被告人找到他的时候，他经过一番专业的分析，认为此案虽然复杂，但却还是有把握取胜。

此案原告的住所地在新疆，因案件标的巨大，案件一审在新疆某高级人民法院举行。

一审，输了。

法院认为：原告和被告双方签订的《回租租赁合同》和《回租买卖合同》采用的售后回租的融资租赁形式，系双方的真实意思表示，其合同效力合法有效。本案原告自双方合同生效起即有权要求被告向其履行房屋过户手续，即原告对案涉房屋的所有权享有相对的期待权，并可随时要求履行，且被告不得予以拒绝，故双方在签订合同之时显然包含"融资"和"融物"两个意思表示，故本案所涉融资租赁合同同时具备"融资"和"融物"两个法律特征，符合法律规定的融资租赁合同的特性。

江晓华接到一审败诉判决书时，心情十分复杂。因为己方是客场作战，心里对法官判决的公正性有些怀疑，他在法庭上能明显感觉到主审法官屁股坐得有点歪，难免他们会在自由裁量权的范围内向对方倾斜。他在法院领判决书的时候，说了一句"我会继续上诉"。

江晓华不服气！只要还有上诉的机会，他绝不会轻易认输！

一般律师，经中级人民法院和高级人民法院判决后败诉的，往往会退避三舍，担心如果申诉再败，就会变成"常败将军"，在社会上名声扫地，影响自己的事业前途。因此，申诉到最高人民法院的案子极少。可江晓华却不一样，只要他认为有理的，不管如何都坚持把官司打到底。在几十年的律师生涯中，他勇于思考、探索，敢于实践、奉献，在实践中练就了一身独特的胆识，铸造了他刚毅的品格。他说："坚持一个正确的观点，要像跑马拉松一样，跑到最后几圈，确实感到难以坚持，身体感到非常吃力。如果此时你选择了放弃，马拉松就无法跑完；如果你咬紧牙关坚持跑下去，那就能跑完马拉松，顺利到达终点。办困难的案件也一样，一审败诉，二审被驳回维持原判，你的正确观点遭否决，此时你若退却，必将前功尽弃，你必须坚持斗争，或许希望就在你的面前。"这是他的肺腑之言，也是他的经验之谈。

我们走着瞧！江晓华在心里给自己鼓劲，立刻把案子上诉到最高人民法院。

温室里长不出参天大树，家院里练不出千里马。江晓华有意把女儿拉出来历练，决定把江珊珊作为了二审的辩护搭档。江珊珊通过自己专业的知识判断，加上父亲的鼓舞，也对打赢这场官司充满信心。

原本，这个上诉到最高人民法院的案子要到北京去开庭的，但后来上面要将这个标的巨大的案件进行公开庭审。为起到公开教学的作用，还把庭审放到了新疆的一所大学里面进行。"庭审的那天，容纳两百多人的现场座无虚席，除了相关律师和法庭工作人员外，其他的都是法学院的本科生、研究生。"江珊珊回忆说，她那天在庭审刚开始的时候，面对着热情高涨的大学生观众和对方咄咄逼人的律师，心情十分紧张。但她在紧张中，忽然想起了父亲经常教导自己的关于著名启蒙思想家梁启超在《论毅力》一文中曾经说过的话："人生必遇顺逆境，事无大小必有阻力。只有毅力坚强的人，才能终于获得成功。"她很快就调整好了心态。

二审中，江晓华父女以事实为依据，提出辩护意见：

一、《中华人民共和国合同法》第二百三十七条规定："融资租赁合同是出租人根据承租人对出卖人、租赁物的选择，向出卖人购买租赁物，提供给承租人使用，承租人支付租金的合同。"据此，融资租赁合同要求"融资"与"融物"相结合，既要"融资"，又要"融物"。"融物"指的是合同中的标的物所有权应发生转移，出卖给出租人，否则就不是融资租赁合同。

二、本案中，原告与被告签订的《回租租赁合同》和《回租买卖合同》中约定：原告出资三亿元购买被告的商业及服务用房并出租给被告使用，租期60个月，租赁期内租赁物的所有权属于原告。双方在合同中虽约定了租赁房产所有权转移，但在实际履行合同中，原告未提供任何证据证明其曾要求过被告履行房产过户的义务，且双方至今也未办理案涉房产产权变更登记。双方只是办理了房产抵押手续，由被告以抵押人名义将案涉房产抵押给原告，该房产抵押只不过是对原告资金安全的保障形式。换言之，即租赁期间，租赁房产的所有权仍属于被告所有，所有权未发生转移，原告对租赁物不享有所有权，故双方在履行该合同时并无实际转让房产的意愿，双方只有"融资"之实，无"融物"之法律要件，即不动产所有权的转移。双方的真实意思表示不是融资租赁，而是不动产抵押借款……

江晓华父女紧紧抓住"案涉合同名为融资租赁合同，实为借款抵押合同"这个关键点，在庭上与对方辩护律师唇枪舌剑，你来我往，"咬定青山不放松"。在谁有理谁就占上风的场面里，江晓华洒脱而又专业地把对方咄咄逼人的气焰给压了下去。最终，最高人民法院采纳了他父女俩的辩护意见，认为：因一审对案涉合同性质的基本事实认定错误，撤销新疆某高级人民法院的一审判决。

江晓华父女与原告诉讼律师经过激烈的交锋，终于二审上诉成功！

江晓华敢于抓疑难大案，想当事人所想，急当事人所急，高度认真负责的态度，赢得了委托人的好评，也让女儿江珊珊得到了一次非常难得的实战经验。江珊珊在父亲的点拨栽培下，以工作勤勉、办事细心尽责得到客户们的一致认可。他们父女两代人在最高人民法院庭审中并肩作战、勇为当事人辩护的事迹，也在律师界里传为佳话。

有道是"好的父母，往往都是孩子的伯乐，他们不仅能挖掘孩子身上的闪光点，还会陪着他们一路披荆斩棘。"

江晓华在小女儿江思莹很小的时候，发现她每当听到音乐旋律，就会随着音乐的节奏摆动身体，有艺术天分，于是在她3周岁那年，把她送到著名钢琴大师刘诗昆创办的钢琴艺术中心去学习钢琴，家中还专门为她买了一台名贵的钢琴。小思莹坚持每个星期到琴行上课，一学就是10年时间。在13岁那年，她顺利通过了钢琴十级考试且成绩"优秀"。在学习钢琴期间，小思莹多次到香港参加钢琴比赛，每次都拿到"一等奖"，因此，老师都喜欢她，钢琴大师刘诗昆还专门给她进行指导。

初中阶段，思莹进入惠阳高级中学这所惠州名校读书。她的班主任特别喜欢这个很有艺术细胞的学生，但凡学校要举办文艺汇演，班主任都会叫她为班里编排一个节目并代表班里参加演出。为了达到最好的演出效果，思莹将参加演出的同学叫到自己家里来进行排练。

在学习方面，江晓华夫妇从来不为其操心。在思莹的房间里面，到处都贴着小纸条，上面写的都是知识点和英语单词类的东西，足见她的认真和自律。

在优良家风的熏陶下，思莹非常孝顺，从小时候起，每当父母亲生日，她都会精心准备好一份礼物，尽管"礼物"只是一张图画或是一句祝福语，但都可以显现出其对父母的那份挚爱。随着年龄的增长，她越来越懂事，每逢节日，在外面求学的她除了会向父母问好外，还会叫父母代向奶奶、外公外婆、伯父伯母等问好，送给他们祝福。

渐渐成长的思莹，逐渐学会了做人和处事。在 2012 年 8 月至 2013 年 7 月参加 AFS 项目期间，她很快地融入了奥地利的接待家庭，与接待家庭成员相处甚欢，如同一家人。当 AFS 项目结束时，奥地利接待家长还专门给江晓华发了邮件，表示对思莹回国感到恋恋不舍。

父母无条件的支持和信任，就是孩子勇敢追梦的底气。学习能力和思维能力都卓尔不群的思莹，高中毕业后考上了美国罗格斯大学留学，主攻国际金融专业。该大学成立于 1766 年，是一所在世界上享有盛誉的顶尖公立研究型大学，也是新泽西州规模最大的高等学府。本科毕业后，她先到国际儿童基金会组织去实习，尔后又以优秀的成绩考取哥伦比亚大学研究生，主攻国际关系。研究生毕业后，她现在联合国教科文组织工作。

## 同气连根 血浓于水

从小，江晓华就明辨是非，恩怨分明。凡是与他打过交道的人，都深知他是个十分重感情、讲道义的人。他对家人、亲属只求付出，不求索取，只要家里人有事，他都是全力以赴地去解决。他的家庭观念很重，每周他都召集一大家子聚一聚，或者他上河源去跟他们相聚，或者是请他们到惠州来相聚，吃一顿丰盛的午餐或晚餐，聊聊天，联络感情。在他的心中，若家人不能和睦相处，就算大富大贵，也心如死灰；若家庭没有欢声笑语，就算锦衣玉食，也枯燥无味。一家人，钱多钱少，不重要，房大房小，不重要，车好车孬，不重要。重要的是一家人在一起，齐心协力，把日子过好，和睦相处，把亲情稳固！

江晓华的哥哥江臻，是一位教育工作者，将自己的一生都奉献给了教育事业。在江晓华心中，哥哥传承了父亲身上一切优秀品质。他尊老爱幼，朴实真诚；他办事果断，睿智聪明。哥哥表面上看起来比较严肃，其内心深处却是那么的慈祥、仁爱。小时候，父母亲不在身边时，他就用那消瘦的身躯，单薄的双肩和微弱的力气过早地为家庭、替父母亲挑起了生活的重担，在石盒村照顾着幼小的二弟江晓华和三弟江晓波。因为父亲忙于教务工作，母亲忙于接生工作，作为家里的老大，他主动承担起家里所有的累活、苦活和脏活。吃饭的时候，总是把好吃的都留给弟弟妹妹，自己常常都是菜汁拌饭吃下去。江臻协助父母亲含辛茹苦将江晓华几个弟弟妹妹拉扯大，培养成才。工作后，一直勤勤恳恳、默默无闻地奋斗在教育战线上，直到退休，是江晓华一直学习的楷模。尽管江臻有一份退休金，但江晓华在哥哥退休后，经常给哥哥零花钱。在他的影响下，他妻子张慧珍也经常给大嫂塞钱，让他们能够更好地安享晚年。

老四江峰也是一个教育工作者，在江臻、江晓华的模范带领下，充分发挥自己的聪明才智，工作干得有声有色，深得领导和同事的赞誉。

老五江晓浓是江晓华唯一的妹妹。因妹妹身有残疾，江晓华对这个妹妹的资助最大。外甥上学读书、找工作、买房、结婚生孩子，凡是有需要的，他都慷慨解囊予以相助，几乎是把妹妹一家的生活都扛在了自己身上。"我妹妹很可怜，天生残疾，无法出去工作，我是哥哥，我不对她好谁对她好呢？"

说起自己的妹妹，江晓华一脸疼爱。他家里有什么好吃的，都会先给妹妹家留一份。几十年如一日，妹妹一家在他的支持和帮扶下，生活得很甜美。

老六江智燊，他从学校毕业后，先是在一家国营单位上班，后因单位效益不好，便辞职出来走自己创业的路子。为了帮助弟弟发展，江晓华先给六弟买了部车子，让他跑运输，后来又支持他开装饰公司，也给他介绍一些业务，让六弟一家有了个稳定的收入。

江晓华的弟弟老三江晓波，之所以把他放到最后来讲述，是有原因的。江晓波也有故事。

江晓波是江晓华的兄弟妹里面，唯一一个留在了老家河源新丰江水库上生活的人。江晓华这个名字中带"水"的弟弟，这辈子都在和水打交道，他从小不喜欢读书，却非常喜欢跟在大哥、二哥的后面在新丰江水库边上摸鱼捉虾。哥哥们好不容易才走出大山去念书，他却初中没上完便回到老家，跟人学打鱼，在新丰江水库上讨生活。江晓波很有营商头脑，在新丰江水库进行旅游开发之初，他便嗅到了商机，在河源新港的水库码头那里开办经营"餐饮船"。没有资金，他便找经济稍好的二哥江晓华借。弟弟要创业，江晓华自是鼎力支持，帮弟弟购买了一条大型的水泥船，改造成"餐饮船"。虽然餐饮船并不大，上下两层只能摆几个桌子，但万绿湖里河鱼新鲜，所处位置又正是码头最热闹繁华的地方，因此食客络绎不绝，生意非常火爆。江晓波曾一度忙得不可开交。可餐饮船尽管生意红火，却是经营不易，有十多个部门在"管"：餐厨垃圾归城管部门负责，油烟排放归环保部门负责，经营方面归工商部门管，消防则是公安部门负责，食品安全由食药监部门监管，船舶安全又是海事部门负责……江晓波应接不暇，不久，便迎来了新丰江水库的治理整顿，"餐饮船"给关闭了。江晓波一下子把二哥江晓华借的几十万元给亏了进去。

河源山清水秀，发展养殖业有得天独厚的条件。江晓波在二哥江晓华的鼓励和支持下，又搞起了水产和家禽养殖，还买了两条飞艇搭载游客畅游新丰江水库。经过几年的发展后，终于取得了很好的经济效益。

江晓波多年来，一直还坚持着一项神圣的工作，那就是在每年清明的时候，带领立溪村的后人，开着船回到故土立溪村所在地去祭奠先祖。

新丰江水库建成之后，成为了中国华南地区最大的人工湖，总面积 1600 平方公里，其中水域面积 370 平方公里，是杭州西湖的 68 倍，蓄水量约 139 亿立方米，里面有 360 多个绿岛，总集雨面积约 5800 平方公里，森林大部分都是亚热带原始次生常绿阔叶林，动植物种类资源丰富，生态环境良好，尤其是水色秀美：湖水颜色碧绿，由近到远，逐渐转淡：墨绿、深绿、浅绿、淡绿……远望湖心，仿佛身在"绿色海洋"之中。更奇妙的是湖水还随着太阳照射角度、光线的不同，在一天时间里产生几种不同颜色：在清晨的阳光里它像铺上了一层黄金；在正午的艳阳下它沉静得如同一块巨大的翡翠；日落时它似一道长达数里的熊熊火焰；月夜中它又是一面晶莹无瑕的白玉。

新丰江水库因四季皆绿，处处皆绿而得名"万绿湖"，是华南最大的生态旅游名胜。1993 年被国家林业部规划为国家森林公园，2001 年被授予广东省环境教育基地，2002 年 7 月被国家旅游局评为 AAAA 级旅游区。可来万绿湖游玩的人们，可能很难想象这长达 140 公里，最宽达 12 公里，最深处达 80 余米，平均深度 30 米，犹如"山中海洋"的下面，还埋着许多先人的坟墓。

对于祖先的崇拜，在我国由来已久。在清明节祭奠逝去的先人，是古代祭祀在现代生活中的延伸，也是一项隆重的民俗活动，更是活着的人的一种义务和责任。在人们生活中，无论多穷，无论多难，祭祀是一种重于生命的形式。河源是个客家人的聚居地，父老乡亲对上坟的事看得格外神圣重要，因为，在乡亲们的心目中，祖先是排第一位的，祭祖其实不是什么迷信，而是表达对祖先和过世亲人的怀念之情，也是为了感恩他们生前的种种，教育儿孙永不忘本，又是希望他们在天之灵庇佑子孙福寿绵长、家道兴旺。

每逢清明节前夕，江晓波就会预先准备好香烛、黄纸和鞭炮，召集原立溪村的村民做好上坟的前期工作。在清明节后选定一个日子，一大早便分别开着几条船回到立溪村的故土去祭拜先人。

　　此时的立溪村，已经深处数十米深的水下，但江晓波和立溪村的村民们却相信他们祖先的神灵是会在这一带水域的附近安身。江晓波跟其他村民一起，在立溪村的水面上，各自在船上摆上供品，点上香烛进行祭拜。江晓波边祭边向子孙后代讲述着他从父母亲那里听来的关于立溪村的故事。在江晓波心中，给立溪村的祖先上坟是一种心灵的洗礼，他想通过这年复一年，一代又一代传承的简单仪式，向先人庄重地送上自己的思念与敬意。通过上坟，好让子孙后代知道水底下静静地沉睡着的祖宗是自己的根，即便他们逝去数十年或者几百年，无论是土掩还是水浸，都不能忘记。

　　江晓华兄弟几个，都在不同的岗位上努力工作，体现各自的人生价值。

　　对待家人，江晓华总以拳拳爱心，尽最大努力，帮助他们过上幸福美满的生活。

　　在老家坪围村，人们一提到"江良、黎秀云"一家人，村民都会羡慕地说："现在居然还有这么团结的大家子，真难得了！"

　　温馨的家庭是和谐社会动力的源泉，江晓华用自己的实际行动弘扬了中华民族传统的"尊老爱幼"的传统美德，用点点滴滴的真情诠释了家作为爱的港湾的真谛，赢得了人们的赞美。

第十八章

恪守初心。两鬓染霜的大律师给年轻一代律师授课，板书他的执业箴言：心苦烦忙无悔怨，只为规矩成方圆。

2020 年是广东省律师协会成立 40 周年，为回顾广东律师 40 年来的光辉历程，中共广东省律师行业委员会、广东省律师协会将对 40 年来为广东律师行业作出杰出贡献的律师、律师事务所以及行业管理者进行隆重表彰，并向社会和公众进行广泛宣传。江晓华当之无愧地成为了最佳人选。

如今，江晓华已经到了退休的年龄，几根银丝已经悄悄地爬上了他宽阔的额头，可他的头发却梳理得一丝不苟，饱满的脸容光焕发，脸上常挂微笑，洋溢着亲善和慈祥，目光炯炯有神，充满着自信和智慧的光芒，折射出他光明磊落的坦荡胸襟，让人肃然起敬。可以说，他在 30 多年的律师工作中所展示出的胆识、才华、品格和不凡业绩，已经圆满地为他的职业生涯画上一个句号。在促进惠州律师事业的崛起，推动惠州法治建设、经济繁荣、社会稳定做出了很大的贡献。

江晓华主动退下律师事务所的主任岗位，但他的律师工作并未停止，仍有许多群众百姓登门请求他提供法律服务，还有许多仲裁案件，也需要他出马。他也舍不得这一生钟爱的律师工作。"生命不息，战斗不止"，是他的誓言。江晓华认为，充满挑战的人生是充实而丰盈的，人一辈子不会因为做过什么而后悔，而会因为没做什么而后悔。拥有不断挑战的动力，就能享受美满的事业和丰盈的人生。

2020 年的一个秋日，江晓华来到了由徒弟温晓文扛大旗的广东宝晟（大亚湾）律师事务所。在这里，徒弟把所里面积最大的一个办公室留给他。这个位于 22 楼顶层的偌大办公室，宽敞明亮，干净整洁，令人感觉十分舒适。办公室分为办公区和招待区两个空间。办公区摆着一张很大的老板台，办公桌后是带靠背的真皮转椅，靠后墙上，是一幅气势磅礴的水墨画——《泰山日出图》。招待区则摆着一套古色古香的红木茶台，茶几上配有很高级的茶道用具。办公室外侧是一面大型落地窗，透过玻璃，大亚湾中心区的建筑群及美景一览无遗。

"江晓华主任于我既是良师，又似益友，他始终以勤奋扎实的工作作风、赤诚的人格品质、丰富的法律知识、精湛娴熟的业务水平，一直努力维护社会的公平和正义……"温晓文对着他新招的几个徒弟介绍自己的师父江晓华。温晓文这次请江晓华过来，是想师父给他的徒孙们上上课。

"该给年青律师讲些什么呢？"江晓华望着办公室窗外的云卷云舒，想起了自己第一次到惠阳地区法律顾问处面试时的情景。

面试领导问江晓华："你为什么想做律师？"

江晓华扬起自己俊朗的脸，满怀热情地答道："因为我想维护公平、匡扶正义，用法律的武器和自己的力量推动法治进步，促进社会和谐……"

是的，这就是江晓华的那份初心。数十年来，他一直都走在坚持自己初心的路上。

在一个会议室里，江晓华望着眼前一个个朝气蓬勃、意气风发的年轻律师，深情地说道："法律乃治国重器，法治兴则国家兴。我希望在座的，要做一个负责任、讲良心的律师。"这是江晓华一直以来对年轻律师执业的基本要求，"你们要时刻不忘初心、牢记使命，忠实地履行党和人民赋予的新时代律师的职责使命，一方面要牢守国家利益和民族大义的底线，另一方面也积极倡导和助力政府依法行政。在经历过成百上千个案件之后仍是一个不忘初心的法律人……"江晓华的授课虽然朴实无华，但句句情真意切，充分彰显了一名资深律师对青年律师的殷切希望。最后，他用粉笔在黑板上唰唰唰地写下了一行字："心苦烦忙无悔怨，只为规矩成方圆。"这是他的执业箴言，字字诠释着他对法律的信仰与追求，他语重心长地对眼前的年轻律师说道："法治之路是中国特色社会主义伟大事业发展的必经之路，未来年轻一代的律师任重而道远，中国法治发展和完善取决于年轻人的努力，请你们切记要摒弃急功近利，稳得住自己，耐得住清贫，要对未来充满坚定的信仰……"谆谆教导警示着年轻的一代律师，也鞭策着他们在司法道路上，专注、从容、细致、犀利，无所畏惧地勇往直前！

后
记

江晓华律师执业 30 多年，他躬身垂范，讲规矩、守底线，心存戒律，依法执业，为律师行业作出表率，他的事迹深深打动了我，经过一年半的时间，终于完成了《只为规矩成方圆》这本书稿。

俗话说，隔行如隔山，因我对律师行业不太了解，所以写这本书时颇感吃力。为了写好江晓华律师的职业生涯，我从他那里抱回了几大捆卷宗，关门谢客待在家里细细地"啃"了两个多月，认真地研读、理解、领悟那一宗宗经典辩护案例。江晓华律师的辩护词和代理词，文字功底好，思路非常清晰，善于抓住要害与重点展开辩护和发表代理意见。他为当事人主持公道、伸张正义，绝大部分案件都是历经一审、二审，甚至有好几个案件是从初级人民法院、中级人民法院、高级人民法院一直打到最高人民法院，里面折射出来的是一个资深律师刚正不阿、坚信正义、锲而不舍、勇于斗争、坚决维护法律的公平公正的高贵品质。

文学是感性的，而律师的辩护词、代理词是理性的。身为作者，我要把这些理性的、专业性很强的文本转化为通俗易懂、趣味性和可读性都比较强的文学作品，这对我来说是一次艰难的挑战，也是一次全新的尝试。在创作过程中，我发现江晓华律师不仅拥有丰富的法律知识和善于驾驭法律条文的能力，还有着非常优秀的情商和美德。他的努力拼搏和奋斗，他忠于法律的政治品质，他对律师事业高度负责的思想觉悟，他对家人、亲戚、朋友、同事等人的爱护和栽培，都为我们竖立了很好榜样。我的创作过程，也是一个学习的过程。

毋庸置疑，作为一个律师，江晓华是成功的典范。在他人生的每一个阶段，都可以清晰地看到勤勉、热情，以及坚韧。脚踏实地的努力，仗义执言的品格就是江晓华人生的核心。

《只为规矩成方圆》的创作和出版，得益于江晓华律师丰富多彩、波澜壮阔的人生经历，也得益于众多予以支持配合的采访对象，其中包括他的家人江臻、江晓波、江珊珊等；他的同事刘湖森、江迪彪、温晓文等；他的同学魏德安等，以及给予我不少专业指导意见的余安平律师……我要真诚地感谢他们每一位。这本书揭示的虽然是个人的人生世界、精神世界，但折射出来的是我国改革开放后律师风貌和律师行业的一个发展状况，会成为读者朋友揭启"执业律师"神秘面纱的一个良好窗口，找到这个时代的励志楷模。

邓仕勇

2021 年 夏

**图书在版编目（CIP）数据**

只为规矩成方圆 / 邓仕勇著. —北京：华龄出版
社，2022.2
  ISBN 978-7-5169-2172-2

  Ⅰ. ①只… Ⅱ. ①邓… Ⅲ. ①江晓华—先进事迹
Ⅳ. ①K825.19

  中国版本图书馆CIP数据核字（2022）第012719号


| 策划编辑 | 王仕伟 | 责任印制 | 李未圻 |
| 责任编辑 | 李 健 | 装帧设计 | 尚册文化 |

| 书 名 | 只为规矩成方圆 | 作 者 | 邓仕勇 |
| 出 版 发 行 | 华龄出版社 HUALING PRESS | | |
| 社 址 | 北京市东城区安定门外大街甲57号 | 邮 编 | 100011 |
| 发 行 | （010）58122255 | 传 真 | （010）84049572 |
| 承 印 | 济南精致印务有限公司 | | |
| 版 次 | 2022年4月第1版 | 印 次 | 2022年4月第1版 |
| 规 格 | 710mm × 1000mm | 开 本 | 1/16 |
| 印 张 | 14.5 | 字 数 | 200千字 |
| 书 号 | ISBN 978-7-5169-2172-2 | | |
| 定 价 | 68.00元 | | |